CW00455226

Christopher Marlowe

Die tragische Historie vom Doktor Faustus

Übersetzt von Wilhelm Müller

(Großdruck)

Christopher Marlowe: Die tragische Historie vom Doktor Faustus (Großdruck)

Übersetzt von Wilhelm Müller.

The Tragicall History of D. Faustus. Entstanden um 1592. Erstmals aufgeführt von der Truppe des Earl of Nottingham, Datum unbekannt. Älteste erhaltene Ausgabe: London 1604. Zweite Fassung: London 1616. Hier nach der Übers. v. Wilhelm Müller.

Neuausgabe mit einer Biographie des Autors
Herausgegeben von Theodor Borken
Berlin 2020

Der Text dieser Ausgabe folgt:
Marlowe, Christoph: Doktor Faustus. Übers. v. Wilhelm Müller, München: Eugen Rentsch Verlag, 1911.

Dieses Buch folgt in Rechtschreibung und Zeichensetzung obiger Textgrundlage.

Umschlaggestaltung von Thomas Schultz-Overhage

Gesetzt aus der Minion Pro, 16 pt, in lesefreundlichem Großdruck

ISBN 978-3-8478-4487-7

Die Deutsche Nationalbibliothek verzeichnet diese Publikation in der Deutschen Nationalbibliografie; detaillierte bibliografische Daten sind im Internet über www.dnb.de abrufbar.

Henricus Edition Deutsche Klassik UG (haftungsbeschränkt), Berlin
Herstellung: BoD – Books on Demand, Norderstedt

Personen

Der Chor

Faustus

Mephostophilis

Der Pabst

Der Kaiser von Deutschland

Bruno

Raimund, König von Ungarn

Der Herzog von Sachsen

Der Herzog von Vanholt

Die Herzogin

Friedrich,
Martin,
Benvolio, Edelleute

Valdes

Kornelius

Guter Engel

Böser Engel

Lucifer

Beelzebub

Ein alter Mann

Drei Studenten

Die sieben Todsünden

Wagner

Rüpel

Dick, ein Stallknecht

Ein Kärner

Ein Pferdephilister

Eine Wirthin

Ein Schenk

Kardinäle, Erzbischöfe und Bischöfe, Priester, Mönche, Hofleute, Soldaten, Diener, der Geist der Helena, des Alexander, des Darius u.s.w., Teufel in verschiedenen Gestalten u.s.w.

[Text]

DER CHOR *tritt auf.*

Nicht schreitend durch die Thrasimener Felder,
Wo Mars sich mit dem tapfern Punier maß,
Nicht tändelnd in dem losen Spiel der Liebe
An Königshöfen, im verkehrten Staat,
Nicht in dem Glanze stolzer Heldenthaten
Will unsre Mus' auf hehren Versen prangen:
Ein Andres wolln wir heut, ihr Herr'n, euch spielen,
Das Spiel von Faustus Schicksal, gut und schlecht.
Und um Geduld nun rufen wir euch an,
Ein Wort von Faustus Kindheit euch zu sagen.

Geboren ist der Mann aus niedrem Stamme,
In einer Stadt von Deutschland, heißet Rhodes:
In reifrer Zeit gieng er nach Wittenberg,
Wohin ein Vetter sonders ihn gebracht,
Und kömmt so weit in der Theologie,
Daß bald der Doktorhut das Haupt ihm schmückt:
Der Erste überall, der schönste Redner
Im heilgen Felde der Theologie,
Bis daß in Witz und Eigendünkel schwellend
Sein Dädalsflügel überhoch ihn trug
Und ihm das Wachs der Himmel schmolz zum Sturz.
So fällt herab er in des Teufels Schule
Und von der Weisheit goldnen Gaben satt,
Will er mit schwarzer Kunst sich überladen.
Nichts ist so lieb ihm schon als die Magie,
Er zieht sie seinem ewgen Heile vor.
Doch seht, da sitzt er selber am Studirtisch!

FAUSTUS *am Studirtisch.*

Setz' ab mal vom Studiren, Faust, und schaue
In diese Tiefe, die du willst ergründen!
Des Doktors wegen heiß' nur Theolog,
Doch nach dem Ziele jeder Weisheit streb'
Und leb' und stirb im Aristoteles.
O süße Analytik, meine Wonne!
Bene disserere est finis logices.
Gut disputiren ist der Logik Krone?
Kann diese Kunst kein größres Wunder bieten?
Dann lies nicht mehr: *die* Krone ist gewonnen!
Nach einem höhern Preis fragt Faustus Geist.
Fahr' hin, Philosophie! Galen, komm her!
Sei denn ein Arzt, Faust, häufe Gold zusammen
Und werd' ein Gott für eine Wunderkur!

Summum bonum medicinae sanitas.
Gesundheit ist der Heilkunst letztes Ziel –
Wie, Faustus, hast du nicht dieß Ziel erreicht?
Hängen nicht deine Recipes zum Denkmal
In mancher Stadt, die sie der Pest entrissen
Und retteten aus tausend grimmen Seuchen?
Und bist doch nur der Faustus und ein Mensch!
Könntst du den Menschen ewges Leben spenden,
Die Toten wieder aus den Gräbern wecken,
Dann wäre diese Kunst noch etwas werth.
Leb' wohl, Arznei! Wo ist Justinian?
Si una eademque res legatur duobus,
Alter rem, alter valorem rei –
O armer Fall von ärmlichen Legaten!
Exhereditare filium non potest pater, nisi –
Ist dieß der Inhalt der Institutionen,
Ist dieß das ganze große *Corpus Juris?*
Das Studium ist für einen Lohnknecht gut,
Der nur nach fremdem Wegwurf lüstern ist,
Für mich zu sklavisch, zu illiberal!
Da bleibt zuletzt das Erste doch das Beste!
   Die Bibel Hieronymi – laß sehn!
Stipendium peccati mors est – ha, stipendium!
Der Lohn der Sünd' ist Tod – ei, das ist hart!
Si peccasse negamus, fallimur,
Et nulla est in nobis veritas –
Wenn einer sagt, er habe keine Sünde,
Der täuscht sich und in ihm ist keine Wahrheit –
Das heißt denn doch: wir müssen sündigen
Und demzufolge sterben,
Ja, müssen sterben einen ewgen Tod.
Das nenn' ich mir 'ne Weisheit! *Que sera, sera* –

Was sein wird, wird sein – Bibel, leb' denn wohl!
Die Metaphysika der Zauberei,
Die Nekromantenbücher, die sind himmlisch!
Die Linien, Kreise, Lettern, Charaktere,
Die sind's, wonach am meisten mich verlangt.
O welche Welt der Wonne, des Genusses,
Der Macht, der Ehre und der Allgewalt,
Ist hier verheißen einem treuen Jünger!
Was zwischen beiden Polen sich bewegt,
Ist mir gehorsam; Könige und Kaiser
Sind Herren, jeder nur in seinen Gauen;
Doch wer es hier zum Herrschen bringt, deß Reich
Wird gehn soweit der Geist des Menschen reicht.
Ein guter Zaubrer ist ein halber Gott –
Hier gilt's zu grübeln um ein Himmelreich.

Wagner tritt auf.

FAUST.
Wagner, empfiehl mich meinen theuren Freunden,
Den Deutschen, Valdes und Kornelius,
Und bitt' inständig sie, mich zu besuchen.
WAGNER.
Ich gehe, Herr.
FAUST.
Mit ihnen sprechen wird mich weiter fördern,
Als Tag und Nacht bei meinen Studien sitzen.

Guter und böser Engel, treten von verschiedenen Seiten auf.

GUTER ENGEL.
O Faust, leg' das verfluchte Buch beiseite.
Sieh nicht hinein, s' versucht dir deine Seele
Und häuft des Herren schweren Zorn auf dich,

Lies in der Bibel – dieß ist Gotteslästrung.
BÖSER ENGEL.
Geh' vorwärts, Faust, in dieser großen Kunst,
Darin der Schatz der ganzen Welt verschlossen.
Sei du auf Erden, was im Himmel Zeus,
Herr und Regirer aller Elemente!

Die Engel verschwinden.

FAUST.
Wie der Gedanke mich so ganz erfüllt! –
Solln mir die Geister holen, was mich lüstet?
Aus allen Zweifeln meine Seele lösen?
Vollbringen, was tollkühner Muth erdenkt?
Gen Indien sollen sie nach Golde fliegen,
Des Orients Perlen aus dem Meere wühlen,
Die Winkel all der neuen Welt durchspähen
Nach edlen Früchten, leckern Fürstenbissen;
Sie sollen mir die neue Weisheit lesen,
Der fremden Könge Kabinett enthüllen:
Ganz Deutschland sollen sie mit Erz umwallen,
Den schönen Rhein um Wittenberg mir leiten;
Sie solln mit Geist die hohen Schulen füllen,
Daß die Studenten reich damit sich schmücken –
Soldaten werb' ich mit dem Geld der Geister,
Den Prinz von Parma jag' ich aus dem Lande
Und herrsch' als ein'ger König aller Reiche.
Ja, wundersamre Kriegsmaschinen als
Das Feuerfaß auf der Antwerpner Brücke
Solln meine Geisterdiener mir erfinden.

Valdes und Kornelius treten auf.

FAUST.

Kommt, meine Freunde Valdes und Kornelius,
Und gönnt mir eure weise Unterhaltung.
Valdes, Freund Vales und Kornelius,
Wißt, daß eur Wort mich endlich hat gewonnen,
Die Magik und geheime Kunst zu üben.
Philosophie ist lästig mir und dunkel,
Arznei und Jus sind gut für kleine Seelen,
Magie, Magie ist's, was mein Herz entzückt!
Drum, edle Freunde, helft mir dieß erstreben,
Und ich, der ich durch feine Syllogismen
Der deutschen Kirche Hirten jüngst verwirrt,
Um deß Probleme sich die stolze Jugend
Der Schule drängte, wie die Höllengeister
Um des Musäus Lied im Reich der Schatten,
Ich will nun werden was Agrippa war,
Deß Namen ganz Europa noch verehrt.

VALDES.

Dein Witz, die Bücher, unsre Kunsterfahrung,
Solln bald zu Heilgen aller Welt uns machen.
Wie ihrem span'schen Herrn die Indermohren,
So solln die Geister aller Elemente
Gehorsam dienen unsrem Herrscherwort.
Wie Löwen solln sie jetzo um uns wachen,
Wie deutsche Ritter ihre Lanzen schwingen,
Wie Laplands Riesen uns zur Seite traben,
Und dann als Weiber oder junge Mädchen
Enthüllt uns ihre Luftgestalt mehr Reize
Als einer Liebesgöttin Schwanenbrust.
Sie solln die Flott' uns aus Venedig holen
Und aus Amerika das goldne Vließ,
Das Philipps Schatz alljährig füllen muß –

Nur, weiser Faustus, sei entschlossen auch.
FAUST.
Entschlossen bin ich hier, wie du zu leben
Entschlossen bist, drum wende nichts mehr ein.
KORNELIUS.
Die Wunder, so Magie vollbringen kann,
Solln bald dich ganz an dieses Studium fesseln.
Wer sattelfest in der Astrologie,
Sprachen versteht, im Steinreich ist bewandert,
Hat die Prinzipia, so die Magik fordert.
Drum zweifle nicht, bald so berühmt zu sein,
Und so besucht um die geheime Kunst,
Wie ehemals das Delphische Orakel.
Die Geister wollen uns die See austrocknen
Und Schätz' aus allen fremden Scheitern suchen,
Ja, alles Gut, was unsre Väter einst
Vergruben in der Erde festem Schoße –
Dann sage, Faust, was wird uns dreien fehlen?
FAUST.
Nichts, nichts, mein Freund – o es entzückt mein Herz!
Komm, zeig' mir ein paar magische Versuche,
Daß ich mir eines Waldes Schatten suche
Und schlürf' in vollem Maß des Zaubers Freuden.
VALDES.
Dann eile nur zu einem stillen Haine.
Nimm Bakons und Albanus Werke mit,
Die Psalmen und das neue Testament,
Und was noch sonst dazu erforderlich,
Sollst du vor unsrem Abschied alles wissen.
KORNELIUS *zu Valdes.*
Erst theil' ihm mit die Wörter unsrer Kunst,
Und kennt er alle Ceremonien erst,

Mag seine Klugheit sich von selbst versuchen.
VALDES.
Erst will ich dich die Elemente lehren,
Dann wirst du bald den Meister übertreffen.
FAUST.
So kommt und speist mit mir und nach der Tafel
Wolln wir die Sach' in allen Punkten prüfen.
Denn eh' ich schlafe, will ich mich versuchen,
Noch diese Nacht beschwör' ich, gält's mein Leben.

Alle ab.

Zwei Studenten treten auf.

ERSTER STUDENT.
Ich wundre mich, wo heut' der Doktor bleibt,
Den jeder Mund mit Bravo möcht' empfangen.

Wagner kömmt.

ZWEITER STUDENT. Das werden wir gleich erfahren: hier kömmt sein Famulus.
ERSTER STUDENT.
Heda, Bursch, wo ist dein Herr?
WAGNER.
Gott im Himmel weiß es.
ZWEITER STUDENT.
Und warum weißt *du* es denn nicht?
WAGNER.
Ja, ich weiß es, aber es *folgt* nicht nothwendig daraus.
ERSTER STUDENT.
Geh', geh', Bursch, laß dein Spaßen, und sage, wo er ist.
WAGNER. Es *folgt* aber doch nicht kraft des Schlusses, was ihr, als Licentiaten, doch wohl wissen solltet. Darum erkennt euren Irrthum an und hört mir aufmerksam zu.

ZWEITER STUDENT.

Du willst es uns also nicht sagen?

WAGNER. Ihr irrt euch, ich will es euch wohl sagen, aber wäret ihr nicht Dickköpfe, so würdet ihr nie eine solche Frage thun: denn, ist er nicht ein *corpus naturale* und dem zu Folge *mobile?* Also, warum thatet ihr eine solche Frage? Ja, wäre ich nicht von Natur phlegmatisch, langsam zum Zorn und geneigt zur Liederlichkeit, zur Liebe wollt' ich sagen, ihr dürftet euch keine vierzig Fuß an den Richtplatz heranwagen. Trotz dem zweifle ich aber nicht, euch alle beide in der nächsten Sitzung gehängt zu sehen. Nachdem ich nun also über euch triumphiert habe, will ich mein Gesicht in eine gehörige Puritanerphysiognomie legen und also beginnen: Wahrlich, meine theuren Brüder, mein Meister speist drinnen zu Mittag mit Valdes und Kornelius, wie dieser Wein, wenn er nur sprechen könnte, eure Ehrwürden berichten würde. Und somit, der Herr segne euch, behüte euch und erhalte euch, meine theuren Brüder.

Ab.

ERSTER STUDENT.

O Faust, jetzt fürcht' ich, was ich lang geargwohnt,
Daß du verfallen in die Teufelskunst,
Die diese beiden weit verrufen macht.

ZWEITER STUDENT.

Wär' er ein Fremder und mir nicht gesellt,
Mich müßte seiner Seele Noth erbarmen,
Doch komm, laß uns dem Rektor es berichten,
Ob ihn sein ernster Rath vielleicht zurückruft.

ERSTER STUDENT.

Ich fürchte, nichts wird mehr zurück ihn rufen.

ZWEITER STUDENT.

Doch laß uns sehn, was wir zu thun im Stande.

Ab.

Donner. Lucifer und vier Teufel treten auf.

FAUSTUS *redet sie also an.*

Jetzt, wo das düstre Schattenbild der Nacht,
Sich sehnend nach Orions Strahlenblick,
Aufsteigt am Himmel aus des Südpols Welt,
Mit seinem schwarzen Hauch den Tag verhüllend,
Jetzt, Faust, beginne deine Zauberei
Und sieh, ob deinem Ruf die Teufel folgen,
Wenn sie dein Opfer und Gebet gesehn.
In diesem Kreise steht Jehovas Name,
Vorwärts und rückwärts, wie ein Anagramm,
Und abgekürzt die Namen aller Heilgen,
Auch die Figuren aller Gottesdiener,
Der Himmelskugel Signa, die Planeten,
Durch deren Kraft empor die Geister steigen.
Drum, Faust, befürchte nichts und sei entschlossen,
Der Magik höchstes Wunder zu versuchen.

DONNER. *Sint mihi Dii Acherontis propitii! Valeat numen triplex Jehovae! Ignei, aeri, aquatani spiritus, salvete! Orientis Princeps Beelzebub, inferni ardentis monarcha et demogorgon, propitiamus vos, ut appareat et surgat Mephostophilis Dragon, quod tumeraris: per Jehovam, Jehennam, et consecratam aquam, quam nunc spargo, signumque crucis quod nunc facio et per vota nostra ipse nunc surgat nobis dictatis Mephostophilis.*

Der Teufel tritt auf.

FAUST.

Kehr' um, ich will es, wandle die Gestalt,
Du bist zu häßlich, um mir aufzuwarten.
Geh, werd' ein Alter Franziskanerbruder,
Solch heilig Ansehn steht dem Teufel besser.

Teufel ab.

Ich seh', die heilgen Worte haben Kraft:
Wer möcht' in dieser Kunst nicht vorwärtsgehn?
Wie bieglich ist der Mephostophilis,
So voll Gehorsam, so demüthiglich!
Das ist des Zaubers Kraft und meiner Worte.

Mephostophilis tritt auf.

MEPHOSTOPHILIS.
Nun, Faustus, sprich, was willst du von mir haben?
FAUST.
Du sollst zeitlebens mein Begleiter seyn,
Verrichten alles, was ich dir befehle,
Und wär's den Mond vom Himmel falln zu lassen,
Wär's mit dem Meer die Welt zu überschwemmen.
MEPHOSTOPHILIS.
Ich bin ein Knecht des großen Lucifer
Und darf ohn' seinen Urlaub dir nicht folgen,
Und nichts vollführen, was er nicht befiehlt.
FAUST.
Befahl er dir nicht, daß du mir erschienest?
MEPHOSTOPHILIS.
Nein, ganz aus eignem Antrieb kam ich her.
FAUST.
Zwang mein Beschwören dich herauf nicht? Sprich!
MEPHOSTOPHILIS.
Es war der Grund doch nur *per accidens,*
Denn, hören wir, daß einer Gott verlästert,
Die Schrift abschwört und Christum, seinen Heiland,
Da fliegen wir, das stolze Herz zu fangen:
Nur solche Mittel können uns bewegen,
Wobei das Heil der Seele wird gewagt.

Drum ist der kürzste Weg, uns zu beschwören,
Abschwören kühnlich alle Göttlichkeit
Und fromm zum Herrn des Höllenreiches beten.

FAUST.

Der Lehre bin bereits ich treu gefolgt.
Ich kenne keinen Herrn als Beelzebub,
Dem ich mich selbst von ganzer Seele weihe.
Das Wort Verdammung schreckt mich nicht zurück,
Eins ist mir Hölle und Elysium,
Mein Geist sei bei den alten Philosophen.
Doch lassen wir die eitlen Menschenpossen,
Sag' mir: wer ist der Lucifer, dein Herr?

MEPHOSTOPHILIS.

Erzherrscher und Regirer aller Geister.

FAUST.

War nicht der Lucifer ein Engel einst?

MEPHOSTOPHILIS.

Ja, Faustus, und gar sehr von Gott geliebt.

FAUST.

Wie kömmts denn, daß er Fürst der Teufel ist?

MEPHOSTOPHILIS.

Oh, um den frechsten Stolz und Übermuth
Hat Gott ihn aus des Himmels Licht geworfen.

FAUST.

Und wer seid ihr denn, die ihr lebt mit ihm?

MEPHOSTOPHILIS.

Unselge Geister, die wir mit ihm leben,
Verschworen gegen unsren Gott mit ihm,
Und bis in Ewigkeit verdammt mit ihm.

FAUST.

Wo seid denn ihr Verdammten?

MEPHOSTOPHILIS.
In der Hölle.
FAUST.
Wie kömmts, daß du jetzt *aus* der Hölle bist?
MEPHOSTOPHILIS.
Was? Hier ist Hölle, ich bin nicht aus ihr.
Denkst du, daß wer das Antlitz Gottes sah
Und schmeckte von den ewgen Himmelsfreuden,
Daß der nicht tausend Höllenqualen leidet,
Beraubt des ewig vollen Heils sich fühlend?
O Faustus, laß die eitlen Fragen sein,
Die mir das matte Herz mit Graun erschüttern.
FAUST.
Ei, großer Mephostophilis, so hitzig,
Daß du der Himmelsfreuden bist beraubt?
Komm, lerne von dem Faustus Kraft des Mannes
Und kümmre nicht dich um verlornes Gut.
Geh', trag' zum großem Lucifer die Zeitung:
Sag, Faustus ist dem ewgen Tod verfallen
Durch freches Sinnen gegen Jovis Gottheit,
Sag', seine Seele übergiebt er ihm,
Wenn er ihn vierundzwanzig Jahre lang,
In allen Erdenfreuden hier läßt leben
Und giebt dich mir zum stetigen Begleiter,
Zu geben mir, was ich verlangen mag,
Antwort zu sagen allen meinen Fragen,
Dem Feinde Feind, dem Freunde Schutz zu sein,
Und allweg meinem Willen zu gehorchen.
Geh', kehre heim zum großen Lucifer,
Dann komm um Mitternacht nach meiner Kammer
Und künde deines Meisters Willen mir.

MEPHOSTOPHILIS.
Ich gehe, Faustus.

Ab.

FAUST.
Hätt' ich mehr Seelen als da Sterne leuchten,
Ich gäb' sie all für Mephostophilis.
Durch ihn werd ich der Erde großer Kaiser
Und baue Brücken durch die leichte Luft,
Um übers Meer mit meiner Schar zu ziehen.
Ich will der Afrikanerküste Berge
Zusammenbinden mit dem Spanierland,
Daß beide meiner Krone dienstbar werden.
Der Kaiser soll durch meine Gunst nur leben,
Wie alle Fürsten in dem deutschen Reich,
Jetzt, da ich's habe, was mein Herz ersehnt.
Ich will in meiner Kunst noch spekuliren,
Bis Mephostophilis zurücke kömmt.

Ab.
Wagner und Rüpel treten auf.

WAGNER. Komm hierher, Kerl! Junge!
RÜPEL. Junge! Hol' mich der Teufel! Wetter! ich ein Junge in eurem Gesicht! Ihr müßt wohl schon viel bärtige Jungen gesehn haben.
WAGNER. Hast du keine Einkünfte?
RÜPEL *auf die Löcher in seinem Kleide zeigend.* Ja, und auch Auskünfte, wenn Ihr nur hierher sehen wollt, Herr.
WAGNER. Ach, du armes Thier! Seh' einer, wie der Kerl in seiner Nacktheit noch spaßt! Ich weiß, der Schuft ist außer Dienst und so hungrig, daß er seine Seele dem Teufel für eine Schöpfenkeule hingäbe, wenn sie auch blutroh wäre.

RÜPEL. Nein, so arg ist's nicht: sie müßte gut gebraten sein und auch eine gute Sauce dazu, wenn ich sie so theuer bezahlen sollte, das könnt Ihr glauben.

WAGNER. Kerl, willst du mein Diener werden und mir aufwarten? Ich will dich gehn lassen wie einen, *qui mihi discipulus.*

RÜPEL. Was, in Versen?

WAGNER. Nein, Sclav, in gediegener Seide und mit Rittersporn.

RÜPEL. Rittersporn? Das ist ja gut für das Ungeziefer. Da sollen mich in eurem Dienst wohl am Ende die Läuse fressen?

WAGNER. Ja, sie sollen's, du magst nun in meinen Dienst treten oder nicht. Denn, wisse, Kerl, wenn du dich mir nicht augenblicklich auf sieben Jahre verschreibst, so will ich jede Laus, die auf dir sitzt, in einen Hauskobold verwandeln und dich von ihnen in Stücke reißen lassen.

RÜPEL. Nein, Herr, spart euch die Mühe: denn die Läuse sind so alte Hausbekannte bei mir, als hätte ich sie mit Essen und Trinken in Kost, das kann ich euch versichern.

WAGNER.

Gut, Kerl, laß deinen Spaß und nimm diese Gulden.

RÜPEL. Sehr gern, Herr, und ich danke Euch auch.

WAGNER. So, nun kann der Teufel dich nach einstündiger Ankündigung abholen, wann und wohin er will.

RÜPEL. Hier, nehmt eure Gulden wieder, ich will nichts davon wissen.

WAGNER. Nichts, nichts, ich habe dich fest. Bereite dich, denn ich will in diesem Augenblick zwei Teufel citiren, die dich fortschleppen sollen. He, Rülpsius! Stülpsius!

RÜPEL. Rülpsius und Stülpsius! Kommt nur, ich will euch schon rülpsen und stülpsen. Ich fürchte mich vor keinem Teufel.

Zwei Teufel kommen.

WAGNER. Wie nun, mein Herr? Wollt ihr nun mein Diener sein?
RÜPEL. Ja, ja, guter Wagner, bringt nur die Teufel weg.
WAGNER. Geister, fort! Nun, Bursche, folge mir.
RÜPEL. Ich folge Herr, aber hört einmal, Meister, wollt ihr mich das Beschwörungshandwerk nicht lehren?
WAGNER. Ja, Kerl, ich will dich lehren dich zu verwandeln in einen Hund, oder in eine Katze, oder in eine Maus, oder in eine Ratze, oder was du sonst willst.
RÜPEL. Ein Hund, eine Katze, eine Maus, eine Ratze! O braver Wagner!
WAGNER. Schuft, nenne mich Herr Wagner und sieh dich vor, daß du ordentlich gehst, und laß dein rechtes Auge immer diametrisch auf meine linke Ferse geheftet sein, daß du mögest *quasi vestigias nostras in sistere.*
RÜPEL. Gut, Herr, verlaßt euch auf mich.

Beide ab.
Faustus im Studierzimmer.

FAUST.
Jetzo, Faustus,
Bist du verdammt, nichts kann dich mehr erretten.
Was hilft's denn, noch an Gott und Himmel denken?
Fort, all das eitle Hirngespinnst! – Verzweifle,
Verzweifl' in Gott, vertrau' auf Beelzebub!
Nein, geh' nicht rückwärts, Faustus, sei entschlossen! –
Was schwankst du? Oh, es tönt was in mein Ohr:
Schwör' ab die Magik, kehr' zu Gott zurück –
Wie, liebt dich denn *der* Gott?
Der Gott, dem du dienst, ist dein eigner Wille,
Und darin steht der Beelzebub zu oberst.
Ihm will ich Kirchen und Altäre baun
Und neugebor'ner Kinder Blut ihm opfern.

Zwei Engel treten auf.

BÖSER ENGEL.
Geh' vorwärts, Faust, in dieser großen Kunst!
GUTER ENGEL.
Mein lieber Faust, laß die verruchte Kunst.
FAUST.
Zerknirschung, Beten, Reue – wo beginnen?
GUTER ENGEL.
Noch Wege giebt's, die dich zum Himmel führen.
BÖSER ENGEL.
Nur Spiegelfechterei, mondsüchtge Weisheit,
Die jeden Sinn verrückt, der daran glaubt.
GUTER ENGEL.
Freund Faustus, denk' an Gott und Göttliches.
BÖSER ENGEL.
Nein, Faustus, denk' an Ehr' und Reichthum nur!

Beide ab.

FAUST.
Reichthum! –
Ja, soll nicht mein die Herrschaft Emden werden,
Wenn Mephostophilis mir dienstbar ist?
Weß Macht befürcht' ich? Faust, du bist im Hafen.
Drum fort, ihr Zweifel, komm, Mephosto, komm,
Und bring' mir frohe Zeitung aus der Hölle.
Ist's Mitternacht nicht? Mephostophilis,
Veni, veni, o Mephostophilis!

Mephostophilis tritt auf.

FAUST.
Nun sprich, was meldet Lucifer, dein Herr?

MEPHOSTOPHILIS.
Daß ich den Faust zeitlebens soll begleiten,
Wenn du den Dienst mit deiner Seele zahlst.
FAUST.
Hab' ich die nicht um dich schon dran gewagt?
MEPHOSTOPHILIS.
Doch jetzt sollst du es feierlich bestät'gen
Und sie mit eignem Blute ihm verschreiben:
Denn diese Sicherheit will Lucifer.
Ist dir's nicht recht, muß ich zurück zur Hölle.
FAUST.
Halt, Mephostophilis, und sage mir,
Was frommt wohl meine Seele deinem Herrn?
MEPHOSTOPHILIS.
Ei nun, sie hilft sein Königreich erweitern.
FAUST.
Ist das der Grund, daß er uns so versucht?
MEPHOSTOPHILIS.
Solamen miseris socios habuisse doloris.
FAUST.
Wie? Habt ihr, die ihr quält, auch Qual zu leiden?
MEPHOSTOPHILIS.
So harte Qual, wie alle Menschengeister.
Doch sag' mir, Faust, soll deine Seel' ich haben,
Und gleich bin ich dein Sclav und folge dir,
Und geb' dir mehr, als Witz du hast zu fordern.
FAUST.
Ja, Mephostophilis, ich geb' sie ihm.
MEPHOSTOPHILIS.
Dann, Faustus, stich dir herzhaft in den Arm
Und binde deine Seele, daß mein Herr sie
Den und den Tag abfordern kann zu eigen,

Und dann sei du so groß wie Lucifer.

FAUST.

Sieh, Mephostophilis, wie dir zu Liebe
Faust sich den Arm zersticht, mit eignem Blut
Zu eigen sich dem Lucifer verschreibt,
Dem Erzherrn und Regenten ewger Nacht.
Sieh, wie das Blut von meinem Arme tröpfelt
Und laß es deinem Wunsch gefällig seyn.

MEPHOSTOPHILIS.

Aber, Faustus,
Schreib' den Kontrakt *in forma juris* lieber.

FAUST.

Ich bin's zufrieden! Aber, sieh, Mephosto,
Mein Blut gefriert, ich kann nicht weiterschreiben.

MEPHOSTOPHILIS.

Ich hol' dir Feuer, um es aufzuthauen.

Mephostophilis ab.

FAUST.

Was mag dieß Starren meines Bluts bedeuten?
Ist's nicht zufrieden, daß das Blatt ich schreibe?
Was strömt es nicht, daß ich kann weiter schreiben?
Faustus giebt seine Seele – da, da starrt' es –
Dürft' ich das nicht? Ist nicht die Seele *mein?*
Drum schreibe fort – Faustus giebt seine Seele –

Mephostophilis kömmt mit einer Feuerpfanne.

MEPHOSTOPHILIS.

Sieh, Faustus, hier ist Feuer – Halt es dran.

FAUST.

So, jetzt läuft wieder hell das Blut heraus,
Nun werd' ich gleich damit zu Ende seyn.

MEPHOSTOPHILIS.

Was soll man nicht um solche Seele thun!

FAUST.

Consummatum est, der Kontrakt ist fertig;
Faust hat die Seele Lucifern verschrieben. –
Doch, was will diese Schrift auf meinem Arm?
Homo fuge! Und wohin soll ich fliehen?
Will ich zum Himmel, reißt er mich zur Hölle.
Mich täuscht mein Aug' – es steht ja nichts geschrieben –
Und doch, ich seh' es hell, da steht's geschrieben:
Homo fuge! doch Faustus kann nicht fliehn.

MEPHOSTOPHILIS.

Ich muß ihm etwas zur Erheitrung holen.

Ab.

Teufel treten auf und geben dem Faust Kronen und reiche Kleider. Sie tanzen und verschwinden. Mephostophilis kömmt.

FAUST.

Was heißt das Schauspiel, Mephostophilis?

MEPHOSTOPHILIS.

Nichts, Faust, es soll dein Herz nur was erheitern
Und zeigen, was Magie vollbringen kann.

FAUST.

Kann ich dergleichen Geister immer rufen?

MEPHOSTOPHILIS.

Ja, Faust, und Größres noch als dieses thun.

FAUST.

Dann Mephostophilis, nimm diesen Zettel,
Worin ich Leib und Seele euch verschreibe,
Doch mit Bedingung, daß auch du erfüllst
Des gegenseitigen Kontrakts Artikel.

MEPHOSTOPHILIS.

Faust, bei der Höll' und Lucifern beschwör' ich's,
Zu halten die Versprechen zwischen uns.

FAUST.

Dann hör', ich les' es, Mephostophilis.
Unter folgenden Bedingungen:

Erstens, daß Faustus ein Geist werde in Form und Substanz.

Zweitens, daß Mephostophilis sein Diener werde und unter seinem Befehle stehe.

Drittens, daß Mephostophilis für ihn thue und bringe, was er verlangt.

Viertens, daß er in seinem Hause und in seinem Zimmer unsichtbar um ihn sei.

Letztens, daß er besagtem Johannes Faustus zu jeder Stunde erscheine, in was Gestalt und Form es diesem beliebt.

Gegen diese Bedingungen gebe ich, Johannes Faustus von Wittenberg, Doktor, durch dieses Schreiben meine Seele und meinen Leib dem Lucifer, dem Fürsten von Osten und seinem Minister Mephostophilis und verleihe ihnen nach Ablauf von vierundzwanzig Jahren, sofern bis dahin die oben geschriebenen Artikel von ihnen nicht verletzt worden sind, unumschränkte Gewalt, besagten Johannes Faustus zu holen oder holen zu lassen, mit Leib und Seele, und ihm eine beliebige Behausung bei sich anzuweisen.

Eigenhändig unterschrieben: Johannes Faustus.

MEPHOSTOPHILIS.

Faust, giebst du dieß als deine Handschrift mir?

FAUST.

Ja nimm und laß den Teufel dir's bezahlen.

MEPHOSTOPHILIS.

So, Faust, nun fordere nur, was dir beliebt.

FAUST.

Zuerst will ich dich nach der Hölle fragen,
Sag' mir, wo ist der Ort, den wir so nennen?

MEPHOSTOPHILIS.

Unter dem Himmel.

FAUST.

Ja, da sind alle Dinge – aber wo da?

MEPHOSTOPHILIS.

Tief in dem Schooße dieser Elemente,
Darin gequält wir ewig leben müssen.
Die Höll' ist ohne Gränzen, nicht beschlossen
In *einem* Raume – wo wir sind, ist Hölle
Und wo die Höll' ist, sind auch ewig wir,
Und, kurz zu seyn, wenn diese Welt vergeht
Und jede Kreatur geläutert wird,
Wird alles Hölle seyn, was nicht ist Himmel.

FAUST.

Ich denke doch, die Höll' ist nur ein Mährchen.

MEPHOSTOPHILIS.

Denk's immer, bis du's besser wirst erfahren.

FAUST.

Wie, glaubst du, Faust müss' ein Verdammter sein?

MEPHOSTOPHILIS.

Jawohl, nothwendig, denn hier ist der Zettel,
Darin die Seele Lucifern du giebst.

FAUST.

Ja, und den Leib auch – Wenig soll's mich kümmern.
Denkst du, ich sei solch süßlicher Phantast,
Nach diesem Leben eine Qual zu träumen?
Nein, das sind Possen, alter Weiber Mährchen.

MEPHOSTOPHILIS.

Doch steht ein Beispiel hier des Gegentheils,

Ich sag', ich *bin* verdammt und *in der Hölle.*

FAUST.

Nun, ist's hier Hölle, will ich gern verdammt seyn.
Was, schlafen, essen, reden und spaziren?
Doch, das bei Seite, schaffe mir ein Weib,
Das schönste Mädchen in den deutschen Landen,
Denn ich bin üppig von Natur und geil
Und kann nicht länger leben ohne Weib.

MEPHOSTOPHILIS.

Gut, Faustus, gleich sollst du ein Weibchen haben.

Er citirt einen weiblichen Teufel.

FAUST.

Was ist das für ein Anblick?

MEPHOSTOPHILIS.

Nun, Faust, du wolltest ja ein Weibchen haben.

FAUST.

Das ist 'ne Hure – nein, ich will kein Weib.

MEPHOSTOPHILIS.

Die Heirath ist ein feierlicher Spaß,
Und hast du lieb mich, denk' nicht mehr daran.
Ich will die schönsten Dirnen dir erlesen
Und jeden Morgen vor dein Bette bringen:
Was deinem Blick gefällt, dein Herz soll's haben,
Und wär' das Kind keusch wie Penelope,
Und weise wie die Saba und so schön
Wie Lucifer vor seinem Falle strahlte.
Hier, nimm dies Büchlein und gebrauch' es wohl:
Die Linien nachgezogen, das giebt Gold;
Beschreibst du diesen Zirkel auf dem Boden,
Kömmt Blitz und Donner, Sturm und Wirbelwind;
Sprich die drei Wort' andächtig vor dich hin,

Gleich werden Panzermänner dir erscheinen,
Bereit, was du gebietest, zu vollführen.

FAUST.
Dank dir, Mephosto, für das süße Buch,
Ich will es theuer wie mein Leben halten.

Beide ab.

Faustus in seinem Studirzimmer und Mephostophilis.

FAUST.
Betracht' ich so den Himmel, dann bereu' ich
Und fluche dir, boshafter Höllengeist,
Der du mich dieser Freuden hast beraubt.

MEPHOSTOPHILIS.
War's nicht dein eigner Wille? dank' dir selber.
Doch denkst, der Himmel sei solch herrlich Ding?
Ich sag' dir, Faust, er ist nicht halb so schön,
Als du und jeder andre Mensch auf Erden.

FAUST.
Beweise das.

MEPHOSTOPHILIS.
Für *euch* ist er gemacht, drum seid *ihr* mehr.

FAUST.
Für *uns* ist er gemacht? Ja, auch für mich!
Fahr' hin denn Zauberei, ich will bereuen.

Zwei Engel treten auf.

GUTER ENGEL.
Faustus, bereu', noch wird sich Gott erbarmen.

BÖSER ENGEL.
Du bist ein Geist, Gott kann sich nicht erbarmen.

FAUST.
Wer flüstert mir in's Ohr, ich sei ein Geist?

Wär' ich ein Teufel, Gott kann sich erbarmen,
Ja, Gott *wird* sich erbarmen, fühl' ich Reue.

BÖSER ENGEL.
Ha, aber Faust wird nimmer Reue fühlen.

Beide ab.

FAUST.
Mein Herz ist Stein, ich kann nicht mehr bereuen,
Kaum kann ich glauben, Heil und Himmel nennen.
Gift, Schwerdter, Stränge und vergiftet Stahl
Liegt vor mir da, von hinnen mich zu schaffen:
Und lange schon hätt' ich gethan die That,
Hielt der Zerknirschung nicht die Lust noch Stand.
Hat nicht Homer, der blinde, mir gesungen
Von Paris Liebe, von Oenonens Tod?
Und der die Mauern Thebens auferbaut,
Mit seiner süßen Harfe Wunderklängen,
Hat er nicht mit Mephosto musicirt?
Wie sollt' ich sterben oder feig verzweifeln?
Ich bin entschlossen, Faust soll nicht bereuen.
Komm her, Mephosto, laß uns disputiren,
Sprich von der göttlichen Astrologie.
Sag', giebt es noch viel Sphären ob dem Mond?
Sind alle Himmelskörper nur *ein* Globus
Von der Beschaffenheit, wie unsre Erde?

MEPHOSTOPHILIS.
So wie die Elemente, so die Himmel.
Vom Monde aus bis zu dem Götterhimmel,
Ein' in die andre Sphäre eingefächert,
Drehn sie vereint sich doch um *eine* Axe,
Deß Grenzpunkt ist der Welten weiter Pol:
Auch sind die Namen Mars, Saturn und Zeus,

Erdichtet nicht, es sind des Abends Sterne.

FAUST. Aber haben sie alle *eine* Bewegung, sowohl *situ* als *tempore?*

MEPHOSTOPHILIS. Alle bewegen sich in vierundzwanzig Stunden um die Pole der Welt, aber sie differiren –

FAUST.

Die Schülerfragen kann mir Wagner lösen.
Hast du, Mephosto, keinen größern Witz?
Wer kennt nicht der Planeten Doppelbahn?
Das nennen wir bei uns Fuchsfragen. Aber sage mir,
hat jede Sphäre eine Herrschaft oder *intelligentia?*

MEPHOSTOPHILIS. Ja.

FAUST. Wie viel Himmel oder Sphären giebt es?

MEPHOSTOPHILIS. Neun: die sieben Planeten, das Firmament und der Götterhimmel.

FAUST. Aber giebt es denn nicht auch *coelum igneum et crystallinum?*

MEPHOSTOPHILIS. Nein, Faustus, das sind lauter Fabeln.

FAUST. So löse mir denn diese Frage: Warum sind nicht Konjunktionen, Oppositionen, Aspekte, Eklipsen *alle* immer zu *einer* Zeit? Warum haben wir in einem Jahre mehr, in dem andern weniger?

MEPHOSTOPHILIS. *Per inaequalem motum respectu totius.*

FAUST. Gut, das wäre beantwortet. Nun sage mir, wer hat die Welt erschaffen?

MEPHOSTOPHILIS. Ich will nicht.

FAUST. Süßer Mephostophilis, sag' es mir.

MEPHOSTOPHILIS. Bring' mich nicht auf, Faust.

FAUST. Schurke, habe ich nicht verpflichtet, mir alles zu sagen, was ich wissen will?

MEPHOSTOPHILIS.

Ja, was nicht gegen unsre Herrschaft ist.
Dieß ist's – du bist verdammt, denk' an die Hölle.

FAUST.

Faust, denke an Gott, der die Welt erschaffen hat!

MEPHOSTOPHILIS.

Vergiß es nicht.

Mephostophilis ab.

FAUST.

Ha, fort, verfluchter Geist, zur schwarzen Hölle!
Du hast verdammt des armen Faustus Seele.

Die beiden Engel treten auf.

BÖSER ENGEL.

Zu spät!

GUTER ENGEL.

Nimmer zu spät, wenn Faust bereuen will.

BÖSER ENGEL.

Wenn du bereust, zerstücken dich die Teufel.

GUTER ENGEL.

Bereu' und keiner soll ein Haar dir krümmen.

Beide ab.

FAUST.

O Christus, mein Erlöser, mein Erlöser,
Hilf und erlös' des armen Faustus Seele!

Lucifer, Beelzebub und Mephostophilis treten auf.

LUCIFER.

Christ kann dich nicht erlösen, der gerecht ist,
Ich bin der Einzge, der um dich sich kümmert.

FAUST.

O, wer bist du, der mich so schrecklich anblickt?

LUCIFER.

Ich bin Lucifer,
Und dies ist mein Gefährte, Prinz der Hölle.

FAUST.

O Faust, sie kommen, um dich abzuholen.

BEELZEBUB.

Wir kommen, dir zu sagen, daß du frevelst.

LUCIFER.

Du rufst den Christ an gegen den Kontrakt.

BEELZEBUB.

Du sollst an Gott nicht denken.

LUCIFER.

Denk' an den Teufel.

BEELZEBUB.

Und an seine Großmutter.

FAUST.

Ich will es nimmer wieder mir vergeben,
Ich schwöre, nie gen Himmel mehr zu schaun.

LUCIFER.

So zeige dich als unsren treuen Diener,
Und höchlich wolln wir dich dafür belohnen.

BEELZEBUB.

Faustus, wir sind gekommen aus der Hölle,
Dir hier ein Zeitvertreibchen vorzumachen.
Setz dich, du sollst die sieben Todessünden
In leiblichen Gestalten vor dir sehn.

FAUST.

Der Anblick soll so lieblich für mich sein
Wie Eden für den Adam bei der Schöpfung.

LUCIFER.

Sprich nicht von Eden, sieh nur nach dem Schauspiel
Geh', Mephostophilis, hol' sie herein.

Die sieben Todsünden treten auf.

BEELZEBUB. Nun, Faustus, frage sie nach ihren Namen und Eigenschaften.

FAUST. Das will ich gleich. Wer bist du, der Erste?

STOLZ. Ich bin Stolz. Es ist für mich zu gemein, Eltern zu haben. Ich bin wie Ovids Floh: ich krieche in alle Winkel einer Hure, bald sitz' ich ihr als eine Perücke auf der Stirn, bald häng' ich als ein Halsband um ihren Nacken, dann küss' ich sie als ein Fächer oder Fliegenwedel, und dann verwandle ich mich in ein altes Hemde und treibe mit ihr, was mich gelüstet. Aber, pfui, was ist das für ein Geruch hier! Ich spreche kein Wort mehr, und wolltet ihr mir auch so viel dafür geben, wie ein König werth ist, bis ihr nicht diesen Boden parfümirt und mit köstlichen Teppichen belegt.

FAUST. Du bist ein stolzer Bursche, das gesteh' ich. Wer bist du, der Zweite?

HABSUCHT. Ich bin Habsucht. Mich hat ein alter Filz in einem ledernen Sacke zur Welt gebracht. Und könnte ich jetzt meinen Wunsch erfüllt sehn, so müßte dieß Haus, ihr und alles sich in Gold verwandeln, damit ich es in meinen Kasten packen könnte. O mein süßes Gold!

FAUST. Und wer bist du, der Dritte?

NEID. Ich bin Neid. Mein Vater ist ein Schornsteinfeger und meine Mutter ein Austernweib. Ich kann nicht lesen und darum wünsche ich, daß alle Bücher verbrannt würden. Ich bin mager geworden, weil ich andre muß essen sehn. Oh, daß eine Hungersnot über die ganze Welt käme, daß alles sterben müßte und ich allein leben bliebe, da solltest du sehen, wie fett ich werden würde! Aber mußt du sitzen und ich stehen? Steh' auf in's Teufels Namen!

FAUST. Fort, du neidische Bestie! Aber, wer bist du, der Vierte?

ZORN. Ich bin Zorn. Ich habe weder Vater noch Mutter. Ich sprang aus eines Löwen Rachen, als ich kaum eine Stunde alt war, und seitdem laufe ich durch die Welt, auf und nieder, mit diesem Rappierfutteral und wenn ich keinen finde, der mit mir fechten will, so verwund' ich mich selbst. Ich bin geboren in der Hölle, und seht euch vor, denn Einer von euch muß mein Vater seyn.

FAUST. Und wer bist du, der Fünfte?

SCHLEMMEREI. Ich bin Schlemmerei. Meine Eltern sind beide gestorben und die ganze Baarschaft, die sie mir gelassen haben, ist der Teufel; das ist aber ein schlechter Kosthalter. Er gibt mir des Tages nur dreißig Mahlzeiten und zehn kleine Imbisse: ein armes Bagatell für die Bedürfnisse der Natur. Ich bin aus königlichem Stamme. Mein Vater war ein Schinken von Speckland und meine Mutter eine Saukopf von Burgunder; meine Pathen waren Peter Pückelhering und Martin Martinsochs, und meine Pathinn, oh, das war eine alte Edelfrau, die Margaretha Märzbier. Jetzt, Faustus, kennst du meinen Stammbaum. Willst du mich zum Abendessen bitten?

FAUST. Behüte mich –

SCHLEMMEREI. Hol' dich der Teufel!

FAUST. Hol' er dich, Fresser. Wer bist du, der Sechste?

FAULHEIT *gähnend.* Ah, ah, ich bin Faulheit. Ich wurde auf einer heißen Sandbank ausgeheckt. Ah, ah, ich rede kein Wort mehr und würde jedes mit eines Königs Lösegeld bezahlt.

FAUST. Und wer bist du denn, Mamsell Niedlich, die du ganz am Ende stehst?

HUREREI. Wer, ich, Herr? Ich bin eine, die einen Daumen breit rohes Bockfleisch lieber hat als eine Elle gebratenen Stockfisch, und der erste Buchstabe meines Namens fängt an mit Hurerei.

LUCIFER. Fort zur Hölle, fort! Pfeifer, blas't!

Die sieben Todsünden gehen ab.

FAUST.
Oh, wie das Schauspiel meine Seel' entzückt!
LUCIFER. Ja, Faustus, in der Hölle sind alle Arten von Entzückungen.
FAUST. Oh, könnte ich die Hölle sehn und gesund wieder herauskommen, wie glücklich wär' ich dann!
LUCIFER.
Faustus, du sollst es.
Um Mitternacht send' ich nach dir: bis dahin
Gebrauch' dieß Buch und lies es durch und durch,
Und wandeln kannst du dich, in was Gestalt du willst.
FAUST.
Dank, mächtger Lucifer,
Ich will es theuer wie mein Leben halten.
LUCIFER.
Nun, Faustus, lebe wohl.
FAUST.
Leb' wohl, Fürst Lucifer.
Komm, Mephostophilis.

Alle zu verschiedenen Seiten ab.
Rüpel tritt auf.

RÜPEL. Heda, Dick! sieh nach den Pferden, bis ich zurückkomme. Ich habe eins von Doktor Faustus Beschwörungsbüchern erobert und da wollen wir einmal die Spitzbüberei versuchen.

Dick kommt.

DICK. Heda, Rüpel, du mußt fort und die Pferde ausreiten.
RÜPEL. Ich die Pferde ausreiten? Prosit die Mahlzeit, ich habe andre Sachen zu tun, laß die Pferde sich selbst ausreiten, wohin sie wollen. *A per se a per se demi orgon gorgon* – Heb dich weg von mir, du unlitterarischer und ungelehrter Stallknecht!

DICK. Potz Würmer und Schlangen, was hast du denn da erobert? Ein Buch? Was, du kannst ja kein Wort darin lesen.

RÜPEL. Du sollst es gleich sehn. Geh mir aus dem Cirkel, sag' ich, oder ich lasse dich vom Teufel in den Pferdestall transportiren.

DICK. Das ist was Schönes, das muß ich gestehn. Du thätst auch besser, deine Tollheiten sein zu lassen, denn wenn der Herr kömmt, der wird dich in der That recht ordentlich beschwören.

RÜPEL. Mein Herr mich beschwören? Ich will dir was sagen: wenn der Herr mir zu nahe kommt, so will ich ihm ein so schönes Paar Hörner an den Kopf setzen, wie du in deinem Leben nicht gesehen hast.

DICK. Das brauchst du nicht erst zu thun, dafür hat die Madam schon gesorgt.

RÜPEL. Oho, hier sind Leute, die in diese Materie eben so tief eingedrungen sind, wie Andere, wenn wir nur plaudern wollten!

DICK. Hol' dich der Teufel, ich dachte es mir immer, daß du nicht so für nichts und wieder nichts Trepp' auf Trepp' ab hinter sie her schlichest. Aber, ich bitte dich, Rüpel, sag' mir in völligem Ernst, ist denn das ein Beschwörungsbuch?

RÜPEL. Sprich nur, was ich thun soll und ich will es thun. Willst du nackend tanzen, so zieh' nur deine Kleider aus, und ich will dich auf der Stelle beschwören. Oder willst du mit mir in die Kneipe gehn, ich will dir geben lassen Weißwein, Rothwein, Claret, Sekt, Muskat, Malvasier und Tunkwein. – Halt, Schlampampus, halt – und wir wollen keinen Pfennig dafür bezahlen.

DICK. O du Braver! Ich bitte dich, laß uns gleich gehn, denn ich bin durstig wie ein Hund.

RÜPEL. Komm denn, wir wollen fort.

Beide ab.

DER CHOR *tritt auf.*

Der hochgelehrte Faustus,

Um die Mysterien der Astronomie
In Jovis hohem Himmelsbuch zu lesen,
Stieg zu Olympus steilem Haupt empor,
Und dort in einem Flammenwagen sitzend,
Gezogen von der Kraft gejochter Drachen
Sieht er die Wolken, Sterne und Planeten,
Die Wendekreise, Himmelsgegenden,
Vom hellen Kreise des gehörnten Monds
Bis zu dem Glanz des *primum Mobile.*
Und also segelnd durch die ewgen Bahnen,
Die um den Pol die lichten Kreise ziehn,
Fährt schnell sein Drachenspann von Ost nach West
Und bringt ihn in acht Tagen wieder heim.
Doch lange hielt er nicht zu Hause Rast,
Den Leib zu pflegen nach der schweren Reise.
Zu neuen Taten treibt es ihn hinaus,
Und so besteigt er eines Drachen Rücken
Deß Flügelpaar die leichte Luft durchschneidet.
Dieß Mal will er Kosmographie studiren,
Der Erde Reich' und Küsten auszumessen,
Und, wie ich glaube, geht er jetzt nach Rom,
Den Pabst und seinen Hofstaat zu besuchen
Und beizuwohnen dem Sanct Petersfest,
Das diesen Tag man feierlich begeht.

Ab.

Faust und Mephostophilis.

FAUST.

Nachdem wir nun, Freund Mephostophilis,
Mit Freuden schon das stolze Trier passirt,
Umgeben rings mit luftgen Felsengipfeln,
Mit Kieselwällen, tiefgezog'nen Gräben,

Unüberwindlich dem Eroberer;
Dann von Paris, beschiffend Frankreichs Küsten,
Sahn wir den Main sich in den Rhein ergießen,
An dessen Strand die Rebenhaine grünen;
Durch Napel dann, Kampanien, das reiche,
Wo der Gebäude Pracht das Auge blendet,
Der graden Straßen seines Ziegelpflaster:
Sahn dort des weisen Maro goldnes Grab,
Den Weg, den er 'ne Brittenmeile lang
In einer Nacht durch einen Felsen hieb:
Dann nach Venedig, Padua und gen Osten,
Wo jener wunderreiche Tempel steht,
Der mit dem stolzen Haupt den Sternen droht,
Deß Grund belegt mit vielen bunten Steinen,
Deß Dach ein seltnes Meisterwerk von Gold:
So hat bisher sich Faust die Zeit vertrieben.
Doch sag' mir nun, was liegt da für ein Ort?
Hast du, wie ich dir erst befohlen habe,
Mich in die Mauern Roms hereingeführt?

MEPHOSTOPHILIS.

Ich hab' es, Faust, und zum Beweis dafür,
Dies ist des Pabstes stattlicher Pallast,
Und weil wir ungewohnte Gäste sind,
Wähl' ich sein eignes Zimmer uns zur Wohnung.

FAUST.

Wie wird dich seine Heiligkeit begrüßen!

MEPHOSTOPHILIS.

Mir einerlei: sein Wildpret soll schon schmecken.
Doch nun, mein Faust, damit du auch erkennst,
Was Augenweide Rom für dich enthält,
Wiss' daß die Stadt auf sieben Hügeln steht,
Die ihren Grundbau unterstützen müssen:

Grad' mittendurch zieht sich der Tiberstrom,
Des Schlangengang sie in zwei Theile schneidet,
Darüber sich zwei prächtge Brücken legen,
Die sichren Weg nach jeder Gegend bieten:
Auf einer, *Ponte Angelo* genannt,
Ist jenes wunderschöne Schloß erbaut,
Darin zu sehn solch Lager von Geschütz,
Daß der Kartaunen Meng', aus Erz geschmiedet,
Gleich kommt der Zahl der Tage, so enthalten
In eines vollen Jahres Kreise sind;
Die Pforten auch und hohen Pyramiden,
Die Julius Cäsar bracht' aus Afrika.

FAUST.

Jetzt bei dem Königreich der Unterwelt,
Beim Styr, beim Acheron, beim Feuersee
Des ewig glüh'nden Phlegeton, beschwör' ich's,
Daß ich verschmachte fast, die Monumente
Und Lage zu besehn des stolzen Roms.
Komm denn und laß uns gehn.

MEPHOSTOPHILIS.

Nein, wart', mein Faust,
Ich weiß, du willst den heilgen Vater sehn
Und Theil auch nehmen am Sanct Peters Fest,
Das diesen Tag man feierlichst begeht:
Der Tag wird hochgeehrt in Rom und Welschland
Zum Angedenken des Triumpfs der Kirche.

FAUST.

Freund Mephostophilis, wie bist du freundlich!
Solang' ich hier auf Erden, laß mich schwelgen
In allem, was des Menschen Herz erfreut,
Die vierundzwanzig Jahre meiner Freiheit
Will ich in Lust und losem Scherz verbringen,

Daß Faustus Ruf, so lang die Erde steht,
Bewundert weit von Land zu Lande geht.

MEPHOSTOPHILIS.

So hab' ich's gern: komm bleibe dicht bei mir,
Du sollst die Herren gleich erscheinen sehn.

FAUST.

Nein, wart', mein lieber Mephostophilis,
Gewähr' mir *eine* Bitte und dann geh' ich.
Du weißt, daß wir im Zeitraum von acht Tagen
Uns angesehen Himmel, Erd' und Hölle.
Hoch stiegen unsre Drachen in die Lüfte,
Daß, wenn wir niederschauten, uns der Welt
Gestalt nicht dicker schien als meine Hand;
Da sahen wir der Erde Königreiche
Und was das Auge reizt, durft' ich betrachten.
Nun laß mich mit in diesem Schauspiel spielen,
Den stolzen Pabst des Faustus Ankunft fühlen.

MEPHOSTOPHILIS.

So sei es, Faust, doch jetzo bleib' erst stehn,
Laß ihren Siegszug hier vorübergehn,
Und dann bedenk', was deinem Sinn behagt:
Durch deiner Kunst Gewalt den Pabst zu kreuzen,
Und ihm den Glanz der Festlichkeit zu trüben,
Daß seine Mönch' und Abbte affengleich
Nach der dreifalt'gen Krone fratzend gaffen. –
Drisch auf der Mönche Haupt mit Rosenkränzen,
Setz' ein Geweih' den Kardinälen auf,
Und was du sonst Nichtswürdiges ersinnst,
Ich will's vollbringen, Faustus – Horch, sie kommen!
Heut' sei dein Ruhm im ganzen Rom vernommen.

Kardinäle und Bischöfe in großem Ornat, Mönche und Geistliche mit Rauchpfannen und singend. Dann der Pabst und Raimund, König von Ungarn, mit Bruno in Ketten.

PABST.
Setzt meinen Schämel nieder.
RAIMUND.
Bruno von Sachsen, steh,
Bis seine Heiligkeit auf deinem Rücken
Besteigt Sanct Peters hohen Kirchenthron.
BRUNO.
Der Thron ist mein, du stolzer Lucifer,
Sanct Petern beug' ich mich, doch nicht vor dir.
PABST.
Vor mir und Petro lieg' im Staube hier
Und krieche vor des Pabstes Majestät.
Trompeter blast! Sanct Petri Erben reicht
Bruno den Rücken, drauf zum Thron er steigt.

Trompetenstoß, während er auf den Thron steigt.

So wie der Himmel kriecht auf Schneckenfüßen,
Eh' er mit Eisenhand den Menschen straft:
So brech' auch unsre Rach' aus ihrem Schlaf
Und stürz' in Tod dein abscheuvolles Werk.
Ihr Kardinäl' aus Frankreich, Padua,
Geht hin nach unsrem heilgen Konsistorium
Und leset in den Dekretalien,
Was in Trient beim heiligen Koncil
Die hohen Väter dekretirt für den,
Der sich anmaßt der päpstlichen Gewalt
Ohn' rechte Wahl und allgemeine Stimme.
Geht, bringt in Eil' die Antwort mir zurück.

ERSTER KARDINAL.
  Wir gehen, Herr.

Kardinäle ab.

PABST.
  Herr Raimund!
FAUST.
  Geh', spute dich, Freund Mephostophilis,
  Folg' ihnen in das Konsistorium,
  Und wenn sie gläubig in den Büchern blättern,
  Schlag' sie mit Müdigkeit und schwerer Schlafsucht,
  Daß sie so fest entschlummern, daß wir beide
  In ihres Leibs Gestalt den Pabst berichten,
  Der also stolz dem Kaiser trotzen will,
  Und daß wir, trotz all seiner Heiligkeit,
  Den Bruno wieder in die Freiheit setzen
  Und tragen unversehrt in's deutsche Reich.
MEPHOSTOPHILIS.
  Faustus, ich gehe.
FAUST.
  Mach' es bald ab.
  Der Pabst soll fluchen, daß nach Rom ich kam.

Faust und Mephostophilis ab.

BRUNO.
  Pabst Adrian, laß nach dem Recht mich richten,
  Ich bin erwählet von dem deutschen Kaiser.
PABST.
  Die That bringt deinen Kaiser um den Thron
  Und seine Völker in der Kirche Bann.
  Denn du und er sind exkommunicirt
  Und von der Kirche Vorrecht ausgeschlossen,

Sowie aus der Gemeinschaft aller Heilgen.
Er wird zu stolz in seiner Macht Gefühl,
Sein kühnes Haupt über die Wolken hebend,
Und überschaut, gleich einem Thurm, die Kirche.
Doch wolln den frechen Mut wir niederdrücken,
Und wie Pabst Alexander, unser Vorfahr',
Auf Kaiser Friedrichs Nacken einst getreten,
Den goldnen Spruch zu dem Triumpfe fügend:
Auf Kaisern sollen Petri Erben stehn
Und fußen auf der Natter grausen Rücken,
Den Löwen und den Drachen niedertreten
Und kühn den giftgen Basilisken stoßen:
So wolln wir des Empörers Hochmut dämpfen
Und kraft der apostolischen Gewalt
Ihn seines kaiserlichen Throns entsetzen.

BRUNO.

Pabst Julius schwur dem König Sigismund
Für sich und alle Päbste, die ihm folgten,
Den Kaiser als rechtmäßgen Herrn zu ehren.

PABST.

Das war ein Mißbrauch mit der Kirche Rechten
Und darum ist sein Ausspruch null und nichtig.
Ist unser nicht jedwede Macht auf Erden?
Und irren *kann* kein Pabst, selbst wenn er's *wollte.*
Sieh diesen Silbergürtel, dran befestigt
Die sieben goldnen Siegel, fest gesiegelt,
Zum Zeichen unsrer siebenfachen Macht,
Zu binden, lösen, schließen, richten, strafen,
Besiegeln und aufheben, wie's uns recht ist.
Drum beugt euch, du und er und alle Welt,
Wo nicht, so fürchtet meines Fluches Donner,
Die schwer euch treffen wie der Hölle Qualen.

Faustus und Mephostophilis, als Kardinäle, treten auf.

MEPHOSTOPHILIS.

Nun sag' mir, Faust, sehn wir nicht trefflich aus?

FAUST.

Ja Freund, und von zwei solchen Kardinälen
Wie wir, ward nie ein heil'ger Pabst bedient.
Doch, während die im Konsistorium schnarchen,
Laß hier uns den ehrwürdgen Vater grüßen.

RAIMUND.

Sieh, Herr, die Kardinäle sind zurück.

PABST.

Willkommen, edle Väter, sagt mir jetzt,
Was hat das heilige Koncil bestimmt,
Hinsichtlich Bruno's und des deutschen Kaisers,
Zur Strafe ihrer letztlichen Verschwörung
Gegen des Pabstes Reich und Heiligkeit?

FAUST.

Viel heiliger Patron der röm'schen Kirche,
Durch des Konciliums ungetheilte Stimme,
Von Priestern und Prälaten, ist bestimmt,
Daß Bruno und des deutschen Reiches Kaiser
Für Ketzer und Abtrünnige zu halten,
Für freche Störer unsres Kirchenfriedens:
Und wenn der Bruno hier, aus eigner Wahl,
Und ohne allen Zwang der deutschen Pärs,
Gegriffen hat nach der dreifaltgen Krone,
Durch deinen Tod auf Petri Stuhl zu steigen,
So sprechen dieß die Dekretalien:
Er werde stracks der Ketzerei verdammt
Und müss' auf einem Scheiterhaufen brennen.

PABST.

Es ist genug, hier, nehmt ihn in Verwahrung,

Und führt ihn gleich nach *Ponte Angelo,*
Und in den tiefsten Thurm schließt mir ihn ein.
Und Morgen, in dem Konsistorio,
Im Beisitz aller edlen Kardinäle,
Wolln über Tod und Leben wir ihn richten.
Hier, nehmt auch seine Krone mit euch weg
Und legt sie in den Schatz der Kirche nieder.
Beeilt euch, meine lieben Kardinäle,
Und nehmet unsern väterlichen Segen.

MEPHOSTOPHILIS.
So, so: ward schon ein Teufel so gesegnet?

FAUST.
Komm, Mephostophilis, und laß uns gehn.
Hoch kömmt der Spaß den Schläfern noch zu stehn.

Faust und Mephostophilis ab.

PABST.
Geht jetzt und bringt ein Gastmahl mir heraus,
Daß feierlich wir Petri Fest begehn,
Und mit Herrn Raimund, Ungarns Könige,
Trinken auf unsres letzten Sieges Glück.

Ab.

Musik, während dessen das Gastmahl bereitet wird. Dann Faust und Mephostophilis in ihrer eigenen Gestalt.

MEPHOSTOPHILIS.
Jetzt, Faustus, komm, bereite dich zum Lachen,
Die faulen Kardinäle sind dabei schon,
Bruno zu richten, den wir fortspedirt,
Der auf dem kühnsten Roß, gedankenschnell,
Über die Alpen schon nach Deutschland fliegt,
Dort den betrübten Kaiser zu begrüßen.

FAUST.

Der Pabst wird heute ihren Schlaf verfluchen,
Der Bruno ihm verschlief sammt seiner Krone.
Doch jetzo laß den Faust sein Herz erfreun
Und einen Spaß aus ihrer Thorheit machen:
Freund Mephostophilis, bezaubre mich,
Daß unsichtbar ich unter Allen wandle
Und unsichtbar, was mir behagt, vollbringe.

MEPHOSTOPHILIS.

Faustus, du sollst: so knie jetzo nieder.

Beschwörend.

Dein Haupt mit meiner Hand berührt,
Der Zauberstab ringsum geführt,
Nimm diesen Gürtel und erschein'
Unsichtbar jedem Blick zu seyn;
Die sieben Planeten, die Nebelluft,
Der Furien Haar, die Höllenkluft,
Des Pluto blauer Feuersee,
Der Baum der bleichen Hekate,
Sie hüllen dich in Zauber ein,
Daß dringt kein Blick zu dir herein.
So, Faust, vor aller seiner Heiligkeit
Thu' was du willst jetzt: Keiner wird dich merken.

FAUST.

Dank dir, mein Freund. Nun Fratres, habet Acht,
Daß Faust die Glatzen euch nicht blutig macht!

MEPHOSTOPHILIS.

Still, Faustus. Sieh, die Kardinäle kommen.

Der Pabst und die Herren seines Gefolges.
Dann die Kardinäle.

PABST.

Willkommen, Kardinäle, setzt euch nieder;
Herr Raimund, nehmet Platz; ihr Fratres, sorgt,
Und seht, daß alles in Bereitschaft sei,
Wie es dem feierlichen Tage ziemt.

ERSTER KARDINAL.

Laßt erst es Eurer Heiligkeit gefallen
Zu hören des ehrwürdgen Sends Beschluß,
Hinsichtlich Bruno's und des deutschen Kaisers.

PABST.

Was soll die Rede? Sagt ich euch nicht eben,
Im Konsistorio wolln wir morgen sitzen
Und dort entscheiden über ihre Strafe?
Ihr brachtet ja das Wort, es sei beschlossen,
Daß Bruno und der fluchbelad'ne Kaiser
Verdammt vom heiligen Koncile wären,
Als faule Ketzer und Abtrünnige:
Was soll ich selbst noch in die Bücher gucken?

ERSTER KARDINAL.

Eur Gnaden irrt: Ihr gabt nicht den Bescheid.

RAIMUND.

Leugnet es nicht, wir Alle sind ja Zeugen,
Daß Bruno hier euch übergeben ward,
Sammt seiner reichen Krone zur Verwahrung
Und Niederlegung in der Kirche Schatz.

BEIDE KARDINÄLE.

Beim heilgen Paul, wir haben nichts gesehn.

PABST.

Beim heilgen Peter, ihr sollt Beide sterben,
Schafft ihr nicht ihn und sie alsbald zurück.
Schlagt sie in Fesseln, werft sie ins Gefängniß!
Falsche Prälaten, dieser Hochverrath

Stürz' eure Seelen in die Höllenqual!

FAUST.

So, die sind fort. Nun, Faustus, auf zum Feste!
Was hat der Pabst doch heut für lustge Gäste!

PABST.

Herr Erzbischoff von Rheims, setzt Euch zu Tische.

ERZBISCHOF.

Ich dank' Eur' Heiligkeit.

FAUST.

Allons, in's Teufels Namen, macht ein Ende!

PABST.

Wer spricht da? Fratres schauet wohl umher!
Herr Raimund, greifet zu: dem Bischof Mailands
Dank' ich für dieses köstliche Geschenk.

Reicht dem Raimund eine Schüssel. Faust reißt sie weg.

FAUST.

Ich dank' Euch, Herr.

PABST.

Was! wie? wer riß mir meine Schüssel weg?
Schurken, antwortet mir!
Mein guter Erzbischof, die leckre Schüssel
Ward mir von Frankreichs Kardinal gesandt.

Wie oben.

FAUST *wie oben.*

Die will ich auch.

PABST.

Stehn Ketzer neben unsrer Heiligkeit,
Daß wir so große Schmach erleiden müssen?
Holt mir den Wein.

FAUST.
Ich bitte drum, denn ich verdürste fast.

Schenken bringen Wein.

PABST.
Herr Raimund, auf eur Wohlsein dieses Glas!
FAUST *wie oben.*
Ich trink auf eures, Herr.
PABST.
Mein Wein auch fort? Ihr Schlingel seht euch um,
Und sucht den Kerl, der mir den Schimpf gethan,
Bei unsrer Heiligkeit, es gilt eur Leben.
Ich bitt' euch, meine Herr'n, laßt euch nicht stören.
BISCHOF. Belieb' es Eur Heiligkeit, mich anzuhören. Ich glaube, es ist ein Geist, der sich aus dem Fegefeuer geschlichen hat und nun um seine Erlösung zu Eur Heiligkeit gekommen ist.
PABST.
Das kann wohl seyn.
Geht, laßt die Priester Seelenmessen singen,
Daß sich die Wut des irren Geistes lege.

Sie bekreuzen sich und die Speisen.

FAUST.
Was, müßt ihr jeden Bissen denn bekreuzen?
Nehmt das dafür.

Faust giebt dem Pabst eine Ohrfeige.

PABST.
O weh, ein Schlag! O helft mir, meine Herr'n!
O kommt und helft, tragt meinen Leib von hinnen!
Fluch ewig seiner Seel' um diese That!

Pabst und Gefolge ab.

MEPHOSTOPHILIS.

Nun, Faust, was nun zu thun? Denn du mußt wissen,
Verflucht wirst du mit Schelle, Buch und Kerze.

FAUST.

Ja, Schelle, Buch und Kerz', und Kerze, Buch und Schelle
Von hinten und von vorn flucht meinen Geist zur Hölle!

Die Priester mit einer Schelle, einem Buch und einer Kerze kommen.

ERSTER PRIESTER. Kommt, Fratres, laßt uns unser heiliges Amt mit guter Andacht beginnen.

Verflucht sei, wer seiner Heiligkeit die Schüsseln von der Tafel gestohlen hat. *Maledicat Dominus!*

Verflucht sei, wer seiner Heiligkeit eine Maulschelle gegeben hat. *Maledicat Dominus!*

Faust und Mephostophilis schlagen auf sie.

Verflucht sei, wer dem Frater Sandelo einen Schlag auf die Glatze gegeben hat. *Maledicat Dominus!*

Verflucht sei, wer unsre heilige Seelenmesse stört. *Maledicat Dominus!*

Verflucht sei, wer seiner Heiligkeit den Wein ausgetrunken hat. *Maledicat Dominus!*

Faust und Mephostophilis werfen Feuerwerk unter sie. Die Priester laufen davon.

Rüpel und Dick treten auf. Einer hält einen Becher.

DICK. Kerl! Rüpel! wir thäten am besten, uns nach deinem Teufel umzusehn, daß der sich für unsern gestohlenen Becher verantwortete, denn des Schenkwirths Junge folgt uns hart auf den Fersen.

RÜPEL. Hat nichts zu sagen, laß ihn kommen. Wenn er uns folgt, so will ich ihn beschwören, wie er in seinem Leben noch nimmermehr beschworen worden ist, dafür steh' ich. Gieb mir den Becher.

Der Schenkwirth kömmt.

DICK *giebt den Becher an Rüpel.* Hier hast du ihn. Da kommt er. Jetzt, Rüpel, jetzt oder nimmermehr zeige deine Wissenschaft.

SCHENKWIRTH. Ah, seid ihr hier? Ich freue mich, daß ich euch gefunden habe. Ihr seid mir ein Paar schöne Kumpans. Sagt, wo ist der Becher, den ihr aus der Schenke gestohlen habt?

RÜPEL. Was, was! Wir einen Becher gestohlen? Seht zu, was ihr sprecht. Sehn wir wie Becherdiebe aus? He, was meint ihr?

SCHENKWIRTH. Nun, nun, leugnet's nur nicht. Ich weiß es, ihr habt ihn und ich muß euch visitiren.

RÜPEL. Mich visitiren? Gut, macht's nur – Halt' den Becher, Dick – Kommt, kommt, visitirt mich.

SCHENKWIRTH *zu Dick.* Komm heran, Kerl, jetzt will ich *dich* visitiren.

DICK. Ja, ja, nur zu – Halt' den Becher, Rüpel – Ich fürchte mich nicht vor eurem Visitiren. Wir werden uns wahrhaftig nicht so gemein machen, eure Becher zu stehlen, das kann ich euch sagen.

SCHENKWIRTH. Nun, nun, ihr macht mich noch nicht dumm. Denn ich bin überzeugt, der Becher ist unter euch beiden.

RÜPEL *hält den Becher in die Höhe.* Nein, da lügt ihr. Er ist *über* uns beiden.

SCHENKWIRTH. Hol' euch der Teufel, ich dacht' es gleich, daß es nur ein Spaß von euch wäre, daß ihr den Becher mitgenommen habt. Kommt, gebt ihn her.

RÜPEL. Ja, Prosit die Mahlzeit! Übermorgen! Dick, mache einen Kreis um mich herum, stelle dich dicht an meinen Rücken und rühre dich um Leib und Leben nicht. Herr Schenk, Ihr sollt euren

Becher gleich haben. Still Dick. *O per se o demigorgon!* Rülpsius und Mephostophilis.

Mephostophilis tritt auf.

MEPHOSTOPHILIS.
O ihr Trabanten all des Höllenreich's,
Wie mich die Zauberei der Schufte neckt!
Von Stambul aus werd' ich hieher beschworen
Zum Spaße nur für diese Sclavenbrut.

RÜPEL. Bei der heiligen Jungfrau, Herr, da habt ihr eine verdammte Tagereise gehabt. Ist es euch gefällig, mit einer Schöpsenkeule zum Abendbrot vorlieb zu nehmen und dann mit einem Zehrpfennig in der Tasche euren Weg fortzusetzen?

DICK. Ja, ich bitt' euch von Herzen darum. Denn wir riefen euch blos aus Jokus, das könnt ihr glauben.

MEPHOSTOPHILIS.
Um den vorwitzgen Frevel zu bestrafen,
Sei du in diese Schmachgestalt verwandelt.

Verwandelt Dick in einen Affen.

Die Affenfratz' ist für die Affenthat.

RÜPEL. O vortrefflich! Ein Affe! Ich bitt' Euch, Herr, laßt mich ihn herumführen und Kunststücke mit ihm machen.

MEPHOSTOPHILIS. Das soll geschehen. Verwandle dich in einen Hund und nimm ihn auf den Rücken. Marsch, fort!

RÜPEL. Ein Hund! Das ist excellent! Nun, Mägde, seht nach euren Suppentöpfen, denn es geht gleich in die Küche mit mir. Komm, Dick, komm!

Beide ab.

MEPHOSTOPHILIS.
Jetzt mit des ewigglüh'nden Feuers Flammen

Beschwing' ich mich, und fliege frisch von dannen
Zu meinem Faust am Hof des Großsultans.

Ab.

Martin und Friedrich treten zu verschiedenen Thüren ein.

MARTIN.

Heda, ihr Herren und ihr Officiere!
Auf Posten, schnell, den Kaiser zu begleiten!
Freund Friedrich, seht, daß man die Zimmer räume,
Denn seine Majestät kömmt nach der Halle.
Geht nun, und sorgt, daß Alles in Bereitschaft.

FRIEDRICH.

Doch wo ist Bruno, der erwählte Pabst,
Der auf der Furienpost von Rom gekommen?
Wird seine Gnade bei dem Kaiser seyn?

MARTIN.

O ja. Und mit ihm kömmt der deutsche Zaubrer,
Der weise Faust, der Stolz von Wittenberg,
Das Wunder aller Welt in der Magie.
Und dieser will den großen Karl hier zeigen
Und seiner tapfern Ahnen lange Kette,
Auch bringen seiner Majestät vor Augen
Die königlichen kriegerischen Bilder,
Den Alexander und sein schönes Liebchen.

FRIEDRICH.

Wo ist Benvolio?

MARTIN.

Der schläft noch fest, gewiß,
Der hat sich einen Rheinweinrausch getrunken
So freundlich gestern Nacht auf Brunos Wohlseyn,
Daß heut' der Schlucker noch das Bette hütet.

FRIEDRICH.
Sieh, sieh! sein Fenster offen! Ruf' hinein!
MARTIN.
He, he, Benvolio!
BENVOLIO *in Nachtkleidern, steckt seinen Kopf durch das Fenster.*
Was plagt euch beide für ein Teufel?
MARTIN.
Sprecht sacht, Herr, daß der Teufel euch nicht hört,
Denn Faust ist jüngst bei Hofe angekommen,
Dem tausend Furien auf den Fersen folgen,
Des Doktors Wort' und Winke zu vollführen.
BENVOLIO.
Was ist das?
MARTIN.
Komm nur aus deiner Stub' und du sollst sehn,
Was seltne Stücke der Beschwörer zeigt
Hier vor dem Pabste und vor unsrem Kaiser,
Wie man bisher in Deutschland nie gesehn.
BENVOLIO.
Hat denn der Pabst das Zaubern noch nicht satt.
Kaum stieg er runter von des Teufels Rücken –
Und hat er sich so sehr in ihn verliebt,
Mag er mit ihm nach Rom zurück kutschiren.
FRIEDRICH.
Sprich, willst du kommen und den Spaß mit ansehn?
BENVOLIO.
Ich danke.
MARTIN.
So stell' ans Fenster dich und sieh es da.
BENVOLIO.
Ja, schlaf' ich mittlerweile nur nicht ein.

MARTIN.

Der Kaiser naht sich uns, um hier zu sehn,
Was Wunder kann durch schwarze Kunst geschehn.

BENVOLIO. Gut, geht nur und begleitet den Kaiser. Ich bin es für dieses Mal zufrieden, meinen Kopf zum Fenster hinaus zu stecken: denn, es heißt ja, wenn ein Mensch die Nacht über betrunken gewesen ist, so kann ihm der Teufel den Morgen nichts anhaben. Wenn das wahr ist, so habe ich einen Zauber in meinem Kopfe, der soll ihm so viel zu schaffen machen, wie der Beschwörer, dafür steh' ich euch.

Ab.

Karl, der deutsche Kaiser, Bruno, der Herzog von Sachsen, Faust, Mephostophilis, Friedrich, Martino und Gefolge.

KAISER.

Wunder der Welt, berühmter Zauberer,
Dreimal gelehrter Faust, sei uns willkommen!
Die That, daß du den Bruno freigemacht
Von seinem und von unsrem offnen Feind,
Soll deiner Kunst mehr Herrlichkeit verleihn,
Als wenn mit mächtgen Nekromantensprüchen
Der Welt Gehorsam du gebieten könntest:
Denn ewig bleibt dir deines Kaisers Liebe.
Und wenn der Bruno, den du jüngst gelöst,
In Frieden trägt der Kirche Diadem
Und sitzt auf Petri Stuhl, der Wandlung trotzend,
Sollst du gepriesen sein durch ganz Italien
Und hochgeehret von dem deutschen Kaiser.

FAUST.

Die Gnadenworte, kaiserlicher Herr,
Werden den armen Faust, nach ganzer Kraft,
Mit Lieb' und Dienste euch ergeben machen;

Auch euch, Sankt Bruno, leg' ich mich zu Füßen:
Und zum Beweis, gefällt es eurer Gnade,
Bin ich bereit, durch meiner Kunst Gewalt,
Zu wecken solche Zauber, die durchbrechen
Das schwarze Thor der ewgen Höllenflammen,
Die grimmen Furien ziehn aus ihren Höhlen,
Zu schaffen, was Eur Gnaden mag belieben.

BENVOLIO. Wetter, der spricht ja fürchterlich. Aber trotzdem glaube ich ihm nicht viel. Er hat soviel Ähnlichkeit mit einem Beschwörer, wie der Pabst mit einem Aepfelhöcker.

KAISER.
Dann, Faustus, wie du jüngst uns hast versprochen,
Laß sehn uns den berühmten Welterobrer,
Den großen Alexander und sein Liebchen,
In wahrer Bildung, voller Majestät,
Daß wir anstaunen ihre Herrlichkeit.

FAUST.
Eur Majestät soll alsobald sie sehn.
Mephostophilis, fort.
Und bei dem Feierklange der Trompeten
Stell' seiner kaiserlichen Gnade vor
Den Alexander und sein schönes Liebchen.

MEPHOSTOPHILIS.
Faustus, ich gehe.

BENVOLIO. Gut, gut, Herr Doktor, wenn eure Teufel nicht gleich erscheinen, so schlaf' ich ein. Wetter, ich könnte mich vor Aerger selbst auffressen, wenn ich denke, daß ich so ein Esel gewesen bin, so lange nach diesem Teufelsgouverneur zu gaffen und am Ende doch nichts zu sehn.

FAUST *bei Seite.*
Ich will dir gleich was zu *fühlen* geben,
Wenn meine Kunst mich nicht im Stiche läßt.

Mein Herr, erst muß Eur Majestät ich warnen,
Wenn meine Geister euch die Schatten zeigen,
Den großen Alexander und sein Liebchen,
Thut keine Fragen an den König dann,
Laßt kommen sie und gehn in tiefem Schweigen.

KAISER.

Doktor, was dir gefällt, wir sind's zufrieden.

BENVOLIO. Ja, ja, und ich bin's auch zufrieden. Aber, wenn du den Alexander und sein Liebchen dem Kaiser vorstellst, so will zu einem Aktäon ich werden und mich in einen Hirsch verwandeln.

FAUST. Und ich will die Diana machen und dir gleich Hörner besorgen.

Trompeten. Kaiser Alexander tritt zu der einen Thür herein, zu der andern Darius: sie begegnen sich, fechten, Darius fällt, Alexander ersticht ihn, nimmt ihm die Krone ab und als er herausgehen will, begegnet ihm seine Geliebte und er setzt ihr die Krone auf. Dann neigen sich Beide vor dem Kaiser, der aufsteht und sie umarmen will.

FAUST *hält ihn zurück.*

Mein gnädger Kaiser, ihr vergeßt euch selbst,
Es sind nur Schatten beide, ohne Körper.

KAISER.

Vergieb mir, denn mein Herz ist so entzückt
Beim Anblick dieses weltberühmten Kaisers,
Daß ich ihn wollt' in meine Arme schließen.
Doch, Faust, weil ich nicht sprechen darf zu ihnen,
Dem vollen Drange meiner Brust zu gnügen,
Laß mich dir sagen: ich hab' einst gehört,
Daß diese schöne Frau im Erdenleben
Am Nacken hatt' ein kleines Warzenmahl.

Jetzt könnt' ich sehn, ob diese Sage wahr ist.

FAUST.

Geht dreist heran und seht, Eur Majestät.

KAISER.

Faustus, ich seh' es deutlich –
O dieses Schauspiel, es erfreut mich mehr,
Als wenn ein zweites Reich gewonnen wär'.

FAUST.

Fort! Weg damit!

Das Schauspiel verschwindet.

Seht, seht, mein gnädger Herr, welch seltnes Thier,
Das seinen Kopf dort aus dem Fenster steckt!

KAISER.

O Wunderschauspiel! Seht, Herzog von Sachsen,
Zwei große Hörner, seltsam aufgesetzt
Dem Haupt des jungen Herrn Benvolio!

HERZOG VON SACHSEN.

Was schläft er oder ist er todt?

FAUST.

Er schläft, doch träumt er nicht von seinen Hörnern.

KAISER.

Köstlicher Spaß! Kommt, laßt uns ihn erwecken.
Heda, Benvolio!

BENVOLIO.

Hol' euch der Teufel! Laßt mich ein Weilchen schlafen.

KAISER. Ich kann dich nicht schelten, daß du so viel schläfst, da du einen so großen Kopf hast.

HERZOG VON SACHSEN.

Sieh dich um, Benvolio, der Kaiser ruft.

BENVOLIO.

Der Kaiser? Wo? Wetter, mein Kopf!

KAISER. Nun, wenn deine Hörner halten, so brauchst du für deinen Kopf nicht eben besorgt zu seyn, der ist hinlänglich bewaffnet.

FAUST. Was? Wie, Herr Ritter, an den Hörnern aufgehängt? Das ist ja ganz erschrecklich. Pfui, pfui, zieht Euren Kopf doch ein und schämt euch. Laßt Euch nicht von aller Welt anstaunen.

BENVOLIO. Wetter! Doktor, ist das eine Schurkerei von euch?

FAUST.

O sagt nicht so, Herr. Faust hat kein Geschick,
Kunst noch Erfahrung, diese Herr'n zu zeigen,
Zu bringen vor des Kaisers Majestät
Den großen tapfern König Alexander:
Wenn Faust das thut, seid ihr ja gleich entschlossen
Zum Hirsch zu werden, kühner Held Aktäon.
Und jetzt, gefällt es Eurer Majestät,
Will eine Kuppel Hund' ich auf ihn hetzen,
Daß alle seine Jokeys kaum im Stande,
Aus ihren Klaun den blut'gen Leib zu retten.
He, Belimoth, Argiron, Astaroth!

BENVOLIO. Halt, halt! Wetter, er will eine Kuppel Teufel auf mich hetzen, das weiß ich. Guter Herr, bittet für mich. Auf Blut, ich bin nicht im Stande, diese Qualen auszuhalten.

KAISER.

Nun denn, guter Herr Doktor,
Ich bitte, seine Hörner abzunehmen,
Er hat genug der Buße schon gethan!

FAUST. Mein gnädiger Herr. Nicht sowol um meine Beleidigung zu rächen, als um Eur Majestät einen Spaß zu machen, hat Faustus diesen schalkischen Ritter bestraft. Dieser mein Wunsch ist erfüllt und ich bin zufrieden, ihm die Hörner abzunehmen. Mephostophilis, wandle ihn um, und künftig, mein Herr, lernt besser von Doktoren sprechen.

BENVOLIO. Gut von Euch sprechen? Auf Blut, wenn alle Doktoren solche Hahnreimacher sind und allen ehrlichen Leuten dergestalt Hörner an den Kopf setzen, so will ich zeitlebens keinem Doktormantel und keinem Magisterkragen mehr trauen. Aber, wenn ich mich dafür nicht räche, so möchte ich mich in eine lecke Auster verwandeln und zeitlebens nichts als Salzwasser trinken.

KAISER.

Komm, Faustus, komm: so lang dein Kaiser lebt,
Sollst du zum Lohne deines Hochverdienstes
Im deutschen Reiche sein Verwalter seyn,
Vom großen Karl geliebt bis an dein Ende.

Alle ab.
Benvolio, Martin, Friedrich und Soldaten.

MARTIN.

Ja, Freund Benvolio, laß ab zu denken
An diesen Anschlag gegen den Beschwörer.

BENVOLIO.

Fort, fort, ihr liebt mich nicht, mich so zu plagen.
Soll ich die große Schmach so hingehn lassen,
Daß jeder niedre Knecht mein Leid bespotte,
Und stolz bei ihrem Bauertanze sagen:
Benvolios Haupt hat Hörner heut getragen?
Nie werden diese Augen mehr geschlossen,
Bis dieses Schwerdt des Zaubrers Herz durchstoßen.
Wollt ihr mir beistehn in der Unternehmung,
So zieht eur Schwerdt und zaudert länger nicht,
Wo nicht, so geht: Benvolio wird sterben,
Doch seine Scham mit Faustus Blut entfärben.

FRIEDRICH.

Wir bleiben bei dir, was auch mag geschehn,
Faust soll nicht lebend hier vorübergehn.

BENVOLIO.

Dann, lieber Friedrich, schnell in diesen Hain,
Stell' unsre Diener und Gehülfen auf,
Leg' in Versteck sie hinter diesen Bäumen.
Ich weiß, der Zaubrer kann nicht fern mehr seyn,
Ich sah ihn knien, des Kaisers Hände küssen
Und Abschied nehmen, reich mit Lohn beladen,
Drum, muthig drauf, Soldaten, daß er liege,
Eur ist sein Gold, wir gnügen uns am Siege.

FRIEDRICH.

Soldaten, kommt und folgt mir in den Hain,
Wer trifft, endlose Lieb' und Gold ist sein.

BENVOLIO.

Mein Haupt ist leichter zwar als mit den Hörnern,
Doch schwerer ist mein Herz noch als mein Haupt
Und pocht, zu sehn des Lebens ihn beraubt.

MARTIN.

Wo stellen wir uns auf, Benvolio?

BENVOLIO.

Hier laß uns stehn zum ersten Ueberfall.
Oh, ist der Höllenhund erst, wo ich will,
Wird auch die Schmach mir bald im Herzen still!

Friedrich tritt auf.

FRIEDRICH.

Still, still, der Zauberer ist in der Nähe,
Er kömmt im Doktorkleide ganz allein,
Paßt auf, daß dieß sein letzter Gang mag seyn.

BENVOLIO.

Mein sei die Ehre denn. Schwerdt, triff den Fleck,
Er gab mir Hörner, ich will seinen Kopf.

Faustus mit einem falschen Kopfe tritt auf.

MARTIN.
Sieh, sieh, er kömmt.
BENVOLIO.
Kein Wort mehr: Alles endet dieses Schwerdt.

Er trifft den Faust, dieser sinkt.

Da liegt sein Leib, der Geist zur Hölle fährt.
FAUST.
Oh!
FRIEDRICH.
Was stöhnt Ihr so, Herr Doktor?
BENVOLIO.
Brech' ihm das Herz mit Stöhnen! Seht einmal,
So end' ich schnell ihm seine Todesqual.
MARTIN.
Das Schwerdt meint's gut, der Kopf ist ihm herunter.
BENVOLIO.
Todt ist der Teufel, Furien, triumphirt!
FRIEDRICH.
War dieß der ernste Blick, die stolze Stirn,
Vor der der grimme Herr der Höllengeister
Zittert' und bebte, wenn sein Machtruf scholl?
MARTIN.
Dieß das verfluchte Haupt, deß Hirn ersann
Benvolio's Schmach im Angesicht des Kaisers?
BENVOLIO.
Ja, dieses ist das Haupt und hier der Leib,
Gerecht belohnt für seine Büberei.
FRIEDRICH.
Kommt, laßt uns sinnen, größre Schmach zu laden
Noch auf das schwarze Scheusal seines Namens.

BENVOLIO.

Erst nagl' ich, zum Ersatz für meine Schmach,
An seinen Kopf ein groß Geweih und häng' ihn
So auf im Fenster, wo er mich verspottet,
Daß alle Welt die rechte Rache sehe.

MARTIN. Aber, was sollen wir mit seinem Bart machen?

BENVOLIO. Den wollen wir an einen Schornsteinfeger verkaufen; er wird zehn birkene Besen aushalten, dafür steh' ich.

FRIEDRICH. Was fangen wir mit seinen Augen an?

BENVOLIO. Wir wollen ihm die Augen ausreißen und sie ihm als Knöpfe an die Lippen setzen, damit seine Zunge sich nicht erkälte.

MARTIN. Ein excellenter Einfall! Und jetzt, meine Herren, da wir mit dem Kopfe fertig sind, was sollen wir mit dem Leibe machen?

BENVOLIO. Wetter, der Teufel wird wieder lebendig!

FRIEDRICH. Gebt ihm seinen Kopf, um Gottes willen!

FAUST.

Behaltet ihn. Faust hat noch Köpf' und Hände,
Eur Herz zum Lohn für diese That zu fordern.
Wißt, ihr Verräther, daß mir ward verschrieben.
Ein vier und zwanzigjährig Erdenleben.
Und hätt' eur Schwerdt auch meinen Leib zerhauen,
Mein Fleisch und Bein gehackt zu dünnem Staub,
Doch wär' alsbald mein Geist zurückgekehrt
Und vor euch ständ' ein frischer, freier Mann.
Doch warum zögr' ich noch mit meiner Rache?
Astaroth, Belimoth, Mephostophilis!

Mephostophilis und andere Teufel treten auf.

FAUST.

Geht, nehmt die Buben auf die Feuerrücken
Und steigt mit ihnen hoch zum Himmel auf,

Dann stürzt sie häuptlings in die tiefste Hölle!
Doch, halt, die Welt soll ihren Jammer sehn,
Eh' ihre Hinterlist die Hölle straft.
Geh, Belimoth, nimm diesen Lump von hier,
Wirf ihn in einen See voll Schlamm und Koth;
Nimm du den Andern, schleif' ihn durch die Wälder
In scharfen Dornen, stechenden Gesträuchen;
Und du, mein lieber Mephostophilis,
Flieg' mit dem Schuft nach einem schroffen Felsen,
Daß niederrollend sein Gebein zerbreche;
Wie er mich zu zergliedern hat gedacht,
Fort, schnell, so wird es jetzt an ihm vollbracht.

FRIEDRICH.
Gnad', edler Faustus, schenk' uns unser Leben.

FAUST.
Fort!

FRIEDRICH.
Kommt, kommt, beim Teufel hilft kein Widerstreben.

Die Teufel mit den Rittern ab.
Die Soldaten kommen aus dem Versteck hervor.

ERSTER SOLDAT.
Kommt, meine Herr'n, und setzt euch in Bereitschaft,
Eilt euch, den edlen Rittern beizustehn,
Ich hörte sie mit dem Beschwörer sprechen.

ZWEITER SOLDAT.
Seht, seht, er kömmt. Schnell schlagt den Buben nieder.

FAUST.
Was? Ein Versteck, mein Leben drinn zu fangen?
Nun, Faust, die Kunst versucht! Halt, niedre Knechte!
Seht, diese Bäume folgen meinem Wink
Und stehn als Vollwerk zwischen euch und mir,

Vor schändlichem Verrat mich zu bedecken.
Doch, eurem armen Angriff zu begegnen,
Sollt ihr ein Heer sogleich erscheinen sehn.

Faust schlägt an den Boden, ein Teufel als Trommelschläger tritt auf, hinter ihm ein anderer als Fahnenträger und mehrere mit Schwerdtern. Mephostophilis wirft Feuerwerk unter die Soldaten, diese laufen davon.

Benvolio, Friedrich und Martin, treten zu verschiedenen Thüren ein, Haupt und Gesicht blutig und mit Schlamm und Koth beschmiert. Alle haben Hörner am Kopfe.

MARTIN.
Was? He, Benvolio!

BENVOLIO.
Hier. Was giebts, Friedrich, he?

FRIEDRICH.
O hilf mir, lieber Freund! Wo ist Martino?

MARTIN.
Hier, theurer Friedrich,
Erstickt fast in dem See voll Schlamm und Koth,
Wodurch die Furien mich kopfunter zogen.

FRIEDRICH.
Martino, sieh,
Benvolio hat wieder Hörner.

MARTIN.
O Jammer, was nunmehr, Benvolio?

BENVOLIO.
Hilf Himmel, bin ich stets ein Unglückskind!

MARTIN.
Nein, fürchte nichts, wir können nicht mehr tödten.

BENVOLIO.
So meine Freund' entstellt! O Höllentücke!

Mit Hörnern ist eur beider Haupt besetzt.

FRIEDRICH.

Du hast's getroffen!

Du meinst dein eignes: fühl' an deinen Kopf!

BENVOLIO.

Was Wetter! Wieder Hörner!

MARTIN.

Nun, fluche nicht! Wir alle sind versehn.

BENVOLIO.

Was für ein Teufel dient dem großen Zaubrer,

Daß trotz dem Trotz sich unsre Schmach verdoppelt?

FRIEDRICH.

Was solln wir thun, um unsre Scham zu bergen?

BENVOLIO.

Wenn wir ihm folgten, Rache auszuüben,

Setzt' er noch Eselsohren aufs Geweih

Und machte aller Welt uns zu Hanswürsten.

MARTIN.

Was thun wir also, Freund Benvolio?

BENVOLIO.

Ich hab' ein Schloß nicht fern von diesen Wäldern,

Dahin laß fliehn uns und im Dunkel leben,

Bis uns die Zeit die Thiergestalten nimmt.

Wenn unsren Ruf solch schwarz Geschick befleckt,

So sei mit unsrem Tod die Schmach bedeckt.

Ab.

Faustus, der Pferdephilister und Mephostophilis.

PFERDEPHILISTER. Ich bitte Eur Gnaden, nehmt diese vierzig Thaler.

FAUST. Mein Freund, so ein gutes Pferd kauft man nicht für einen so schlechten Preis. Ich habe eben nicht nöthig, es zu verkaufen, aber wenn es dir für zehn Thaler mehr gefällig ist, so nimm es, denn ich sehe, du meinst es gut mit dem Thiere.

PFERDEPHILISTER. Ich bitt' euch, Herr, nehmt das Geld. Ich bin ein sehr armer Mann und habe kürzlich viel an den Pferden eingebüßt. Der Kauf könnte mich wieder in die Höhe bringen.

FAUST. Nun gut, ich will nicht lange mit dir handeln. Gieb nur das Geld. Nun, Freund, muß ich dir sagen, reite mit dem Thiere über Hecken und Graben und schon' es nicht, aber, das merke dir, um keinen Preis reite es ins Wasser.

PFERDEPHILISTER. Wie so, Herr, nicht in's Wasser? Wie, trinkt es nicht von jedem Wasser?

FAUST. O ja, es trinkt von jedem Wasser, aber, reite es nicht in's Wasser: über Hecken und Graben, und wohin du willst, aber nicht in's Wasser. Geh, laß dir den Stallknecht das Pferd überliefern und vergiß nicht, was ich dir gesagt habe.

PFERDEPHILISTER. Verlaßt euch darauf, Herr. O freudenvoller Tag! Nun bin ich für ewig ein gemachter Mann!

Ab.

FAUST.

So bist du, Faust, zum Tode denn verdammt!
Zum Ende neigt sich deines Lebens Zeit.
Verzweiflung treibt mein Denken auf und ab. –
Komm, stiller Schlaf, und wiege meine Leiden.
Still! Christus rief den Schächer an dem Kreutze:
So schlaf' denn, Faust, in dem Gedanken ein.

Er setzt sich nieder und entschläft.
Der Pferdephilister in nassen Kleidern tritt auf.

PFERDEPHILISTER. Oh, was war das für ein spitzbübischer Doktor! Ich reite mein Pferd in's Wasser, denke, es steckt da irgendein geheimes Mysterium in dem Thiere, und sieh da, da hab' ich nichts zwischen den Beinen als ein Bündchen Stroh und habe noch Noth vollauf, daß ich nicht ertrinke. Gut, ich will ihn wecken, er soll mir meine vierzig Thaler wieder herausgeben. He, Spitzbube, Doktor! Ihr schelmischer Schubbiack! Herr Doktor! Wacht auf, erhebt euch, gebt mir mein Geld heraus, eur Pferd hat sich in ein Bündel Heu verwandelt. Herr Doktor! *Er faßt ihn am Bein, zieht und zieht es ihm aus.* O weh, ich bin verloren! Was fang' ich an! Ich habe ihm ein Bein ausgerissen!

FAUST. O Hülfe, Hülfe, der Schurke hat mich umgebracht!

PFERDEPHILISTER. Umgebracht oder nicht umgebracht. Jetzt hat er nur ein Bein, ich lauf' ihm davon und schmeiße dieses Bein in eine Gosse oder sonst wohin.

FAUST. Haltet ihn, haltet ihn, haltet ihn. Ha, ha, ha! Faust hat sein Bein wieder *Er zaubert sich ein Bein an.* und der Philister hat ein Bund Heu für seine vierzig Thaler.

Wagner tritt auf.

FAUST. Nun, Wagner, was bringst du Neues?

WAGNER. Wenn es euch beliebt, läßt euch der Herzog von Vanholt inständigst bitten, ihm eure Gesellschaft zu schenken. Er hat einige Leute geschickt, euch zu begleiten, mit den nöthigen Bedürfnissen für eure Reise.

FAUST. Der Herzog von Vanholt ist ein ehrenwerther Fürst, dem darf ich mit meiner Kunst nicht spröde seyn. Komm, folge mir.

Ab.

Rüpel, Dick, Pferdephilister und Kärner treten auf.

KÄRNER. Kommt, meine Herr'n, ich will euch zu dem besten Bier in ganz Europa bringen. Heda, Wirthshaus! Wo sind denn die Menschen?

Die Wirthin kömmt.

WIRTHIN. Was giebt's? Was steht zu Dienst? Was, meine alten Gäste! Willkommen!

RÜPEL. Bruder Dick, weißt du, warum ich so stumm da stehe?

DICK. Nein, Rüpel, warum denn?

RÜPEL. Ich stehe mit achtzehn Pfennigen an der schwarzen Tafel. Aber sag' nichts, vielleicht hat sie's vergessen.

WIRTHIN. Wer ist denn das, der da so ehrbar vor sich hin sieht? Was, mein alter Gast?

RÜPEL. O, Wirthin, wie geht's? Ich hoffe, meine Zeche steht noch.

WIRTHIN. Ja, ohne Zweifel. Denn, mich dünkt, Ihr seid nicht so eilig mit dem Auswischen.

DICK. Allons, Wirthin, ich sage, holt uns Bier.

WIRTHIN. Gleich sollt ihr haben *Zu der Thür hinaus rufend.* Spring' einmal da nach dem Saal. He!

Wirthin ab.

DICK. Kommt, meine Herr'n, was machen wir jetzt bis unsre Wirthin kömmt?

KÄRNER. Wißt ihr was, meine Herr'n, ich will euch die schönste Geschichte erzählen, wie ein Beschwörer mir mitgespielt hat. Ihr kennt den Doktor Faustus?

PFERDEPHILISTER. Ei, hol' ihn der Teufel. Hier ist einer, der ihn wohl kennen muß. Hat er dich auch beschworen?

KÄRNER. Ich will's euch erzählen, wie er mir mitgespielt hat. Wie ich neulich einmal mit einem Fuder Heu nach Wittenberg fahre, kömmt er mir entgegen und frägt mich, was er mir geben solle für soviel Heu als er aufessen könne. Nun, meine Herr'n, ich denke, er wird ja zu seinem Spaß nicht viel brauchen und sage ihm, er solle sich für drei Kreuzer so viel nehmen als er wolle. Er giebt mir gleich mein Geld und fängt an zu fressen, und, wie ich denn immer ein Unglückskind bin, er hört nicht auf zu fressen, bis er mein ganzes Fuder Heu im Magen hat.

ALLE. O wunderbar! Ein ganzes Fuder Heu im Magen!

RÜPEL. Ja, ja, das kann wohl seyn. Ich habe von Einem gehört, der ein ganzes Fuder Holz gefressen hat.

PFERDEPHILISTER. Jetzt, meine Herr'n, sollt ihr hören, wie niederträchtig er mir mitgespielt hat. Ich kam gestern zu ihm, um ihm ein Pferd abzukaufen, und er wollte es durchaus nicht anders als für vierzig Thaler losschlagen. Ich, meine Herr'n, weil ich wußte, daß das Thier über Hecken und Graben lief und unermüdlich war, ich gab ihm das Geld. Als ich nun mein Pferd hatte, so sagte mir der Doktor, ich sollte Tag und Nacht mit dem Thiere reiten und es nicht schonen: aber, sagt' er, um keinen Preis reite es in's Wasser. Ich, meine Herr'n, ich denke, das Pferd hat so irgend eine Eigenschaft, die ich nicht kennen soll, was thu' ich? Ich reite es in einen großen Fluß hinein, und wie ich gerade in der Mitte bin, da verschwindet mein Pferd und ich sitze mit gespreizten Beinen auf einem Bündel Heu.

ALLE. O braver Doktor!

PFERDEPHILISTER. Aber ihr sollt einmal hören, wie brav ich ihm dafür mitgespielt habe. Ich gieng nach seinem Hause zurück und da fand ich ihn schlafen. Ich fange vor seinen Ohren einen Halloh und Skandal an, aber nichts konnte ihn wecken. Wie ich das sehe, da pack' ich ihn bei einem Beine und ziehe und ziehe bis ich ihm das Bein rein ausgezogen habe. Und nun hab' ich's zu Hause in meinem Pferdestall.

DICK. Und hat der Doktor denn nur *ein* Bein? Das ist köstlich! Denn mich hat einer von seinen Teufeln neulich in einen Affen verwandelt.

KÄRNER. Mehr zu trinken, Wirthin!

RÜPEL. Hört, wir wollen in eine andere Stube gehn und noch ein Weilchen trinken und dann wollen wir den Doktor aufsuchen.

Alle ab.

Der Herzog von Vanholt, die Herzogin, Faust und Mephostophilis treten auf.

HERZOG. Meinen Dank, Herr Doktor, für dieses ergötzliche Schauspiel, und ich weiß nicht, wie ich im Stande seyn werde, eure großen Verdienste dafür zu belohnen, daß ihr das Zauberschloß in den Lüften erbauet habt. Der Anblick hat mich so entzückt, daß nichts in der Welt mich mehr ergötzen kann.

FAUST. Ich fühle mich in mir selbst höchlich belohnt, mein guter Herr, wenn ich sehe, daß es Eur Gnaden gefällt, mit gütiger Nachsicht die Erzeugnisse meiner Kunst zu betrachten. Aber, gnädige Frau, vielleicht habt ihr an dem Schauspiel kein Vergnügen gefunden. Darum ersuche ich euch, mir zu sagen, wonach ihr das größte Verlangen tragt. Ist es in der Welt, so sollt ihr es haben. Ich weiß, daß die Frauen in gesegneten Umständen nach seltenen und leckern Dingen zu schmachten pflegen.

HERZOGIN. Ja, wahrlich, Herr Doktor, und weil ihr so freundlich seid, so will ich euch gestehn, wonach mein Herz das größte Verlangen trägt. Wenn es jetzt Sommer wäre, so wie es Januar ist, todte Winterzeit, so wollte ich kein besseres Gericht fordern, als einen Teller voll reifer Weintrauben.

FAUST. Das ist nicht viel. Geh, Mephostophilis, fort mit dir! *Mephostophilis ab.* Madam, ich möchte gern mehr als dieses thun, euch eine Freude zu machen.

Mephostophilis kömmt zurück mit den Weintrauben.

FAUST. Hier, jetzt nehmt. Sie müssen gut seyn, denn sie kommen weit her, das kann ich euch versichern.

HERZOG. Das setzt mich noch mehr in Erstaunen als alles Andre. In dieser Jahreszeit, wo jeder Baum ohne Frucht und Laub dasteht, woher habt ihr diese reifen Trauben?

FAUST. Erlauben Eur Gnaden: – das Jahr ist in zwei Kreisen über die ganze Welt vertheilt, so daß, wenn es bei uns Winter, in der entgegengesetzten Hälfte, Sommer ist, wie in India, Saba und solchen Gegenden, die weit in Osten liegen, wo sie des Jahres zweimal Früchte ärndten. Von dort habe ich, mit Hilfe eines schnellen dienstbaren Geistes, diese Trauben holen lassen, wie ihr seht.

HERZOGIN. Und glaubt mir, es sind die süßesten Trauben, die ich Zeit meines Lebens gekostet habe.

Rüpel und seine Gefährten klopfen an die Thür.

HERZOG.
Was sind für grobe Lärmer an der Thür?
Geht, stillet ihre Raserei, macht auf,
Und fragt sie dann, was sie von uns verlangen?

Sie klopfen wieder und rufen nach Faust.

EIN DIENER.
Was giebt's ihr Herr'n? Was ist das für ein Lärm?
Weswegen ist's, daß ihr den Herzog stört?

DICK.
Weswegen? Deswegen! Was geht uns der Herzog an!

DIENER.
Was, frech Gesindel, untersteht ihr euch?

PFERDEPHILISTER. Das hoff' ich, Herr, daß wir Witz genug haben, uns mehr zu unterstehn als euch gefällig ist.

DIENER. So scheint's. Ich bitt' euch, untersteht euch wo anders so etwas und stört den Herzog nicht.

HERZOG. Was wollen sie haben?

DIENER. Sie schreien alle, sie wollen den Doktor Faust sprechen.

KÄRNER. Ja, ja, mit dem wollen wir sprechen.

HERZOG. Ist's euch gefällig Herr? Führt die Schurken ab.

DICK. Uns was abzuführen? Der mag sich selber hüten, daß der Teufel ihm keine Abführung giebt.

FAUST.

Ich bitt' Eur Gnaden, laßt herein sie kommen,
Die Kerls sind gut genug zu einem Spaß.

HERZOG. Thut was ihr wollt, Faust, meinen Urlaub habt ihr.

FAUST. Ich dank' Eur Gnaden.

Rüpel, Dick, Kärner, Pferdephilister kommen herein.

FAUST.

Nun, sagt, wie geht's noch, meine lieben Freunde,
Fürwahr, ihr seid zu grob, doch kommt nur näher,
Ich hab' euch Gnade ausgewirkt. Willkommen!

RÜPEL. Ja, Herr, wir sind hier willkommen für unser Geld und was wir verzehren, das bezahlen wir. Heda, gebt uns ein halb Dutzend Bier und geht an den Galgen!

FAUST. Ei, hört einmal, könnt ihr mir sagen, wo ihr seid?

KÄRNER. Ei wohl, das können wir wahrhaftig. Wir sind unter dem Himmel.

DIENER. Ei wohl, Herr Unverschämt, aber wißt ihr an welchem Orte?

PFERDEPHILISTER. O ja, das Haus ist gut genug zum Saufen. Wetter, schenkt Bier ein oder wir brechen alle Flaschen im Hause entzwei oder schlagen euch mit euren eigenen Bouteillen den Kopf ein.

FAUST. Seid nicht so wüthend. Kommt, ihr sollt Bier haben. Mein Herr, ich bitt' euch, laßt mich frei ein Weilchen, Ich wett' um meinen Ruf, s' wird euch nicht reuen.

HERZOG.

Von ganzem Herzen, Doktor, laßt euch gehn,
Mein Hof und meine Diener stehn zu Dienste.

FAUST. Ich dank' Eur Gnaden unterthänigst. – Holt was Bier herein!

PFERDEPHILISTER. Nun, wahrhaftig, das ist doch noch ein Doktorwort. Mein Seel, ich will dafür auch auf die Gesundheit deines hölzernen Beines trinken.

FAUST. Meines hölzernen Beines? Was meinst du damit?

KÄRNER. Ha, ha, ha, hörst du, Dick? Er hat sein Bein vergessen.

PFERDEPHILISTER. Ja, ja, seht einmal, er steht auch nicht viel darauf.

FAUST. Nein, in der That, ich stehe nicht viel auf einem hölzernen Beine.

KÄRNER. Guter Herr, daß auch das Fleisch und Blut so schwach bei Eur Herrlichkeit seyn mußte! Erinnert ihr euch nicht mehr an den Pferdeverleiher, dem ihr ein Pferd verkauft habt?

FAUST. Ja, ich erinnere mich, ich habe einem ein Pferd verkauft.

KÄRNER. Und erinnert ihr euch wohl noch daran, daß ihr ihm verbotet, das Pferd in's Wasser zu reiten?

FAUST. Ja, ich erinnere mich sehr wohl daran.

KÄRNER. Und erinnert ihr euch denn nichts mehr von eurem Beine?

FAUST. Nein, auf's Wort.

KÄRNER. Dann bitt' ich euch, Herr, erinnert euch an eure Höflichkeit.

FAUST. Ich dank' euch, Herr.

KÄRNER. Nicht Ursach'. Ich bitt' euch, beantwortet mir eine Frage.

FAUST. Und die wäre?

KÄRNER. Sind eure beiden Beine alle Nacht Schlafkameraden?

FAUST. Willst du einen Koloß aus mir machen, daß du solch eine Frage thust?

KÄRNER. Nein, wahrlich, Herr, ich will gar nichts aus euch machen. Aber ich wollte das gern wissen.

Die Wirthin kömmt mit Bier.

FAUST. Nun denn, so versichre ich dich, sie sind gewiß welche.
KÄRNER. Ich dank' euch, nun bin ich völlig befriedigt.
FAUST. Aber warum fragtest du?
KÄRNER. Für nichts und wieder nichts, Herr, aber mich dünkt, dann habt ihr an dem einen einen hölzernen Schlafkameraden.
PFERDEPHILISTER. Ja, hört ihr wohl, Herr, hab' ich euch nicht ein Bein ausgezogen, als ihr schliefet?
FAUST. Aber nun ich wach bin, hab' ich's wieder. Seht hier, Herr.
ALLE. O schrecklich! Hatte der Doktor denn drei Beine?
KÄRNER. Erinnert ihr euch wohl noch, Herr, wie ihr mich angeführt habt und mir mein Fuder – –

Faust zaubert ihn stumm.

DICK. Erinnert ihr Euch noch, wie ihr mich zu einem Affen – –
PFERDEPHILISTER. Du bankbeiniger hexenmeisterischer Schubbiack, weißt du noch, wie du mich mit dem Pferde –
RÜPEL. Habt ihr mich noch im Gedächtnis? Denkt nicht, daß ihr mit eurem Passir- und Repassir- Dinge so durchkommen werdet. Wißt ihr noch das Hundegesicht –

Die Bezauberten gehn ab.

WIRTHIN. Wer bezahlt nun die Zeche? Hört ihr, Herr Doktor, jetzt habt ihr meine Gäste fortgejagt, drum bitt' ich euch, bezahlt mein –

Ab.

HERZOGIN *zum Herzog.*
Mein Herr,
Wie sehr sind wir dem weisen Mann verbunden!
HERZOG.
Das sind wir, Herrin, und wir wolln ihm lohnen,

Mit aller unsrer Lieb' und Freundlichkeit.
Sein kunstreich Spiel, das trüben Muth zerstreut.

Donner und Blitz. Teufel mit gedeckten Tischen, Mephostophilis führt sie in Faust's Studierstube. Dann Wagner.

WAGNER. Ich glaube, mein Herr will bald sterben. Er hat seinen letzten Willen aufgesetzt und mir sein ganzes Vermögen verschrieben, sein Haus, seine Güter, alle seine goldenen Geschirre, außerdem zweitausend Dukaten, gut gemünzt. Ich weiß nicht, was das bedeuten soll. Wäre der Tod so nahe, er würde nicht so jubiliren. Da sitzt er jetzt wieder mit den Studenten beim Abendschmaus: das ist eine solche Magenweide, wie Wagner in seinem Leben keine gesehn hat. Und sieh, da kommen sie, das Fest muß wohl vorbei seyn.

Ab.

Faustus, Mephostophilis und einige Studenten.

ERSTER STUDENT. Mein Herr Doktor Faustus, da wir in unsrem Gespräch über schöne Frauen, welche nehmlich die schönste in der ganzen Welt gewesen wäre, unter uns übereingekommen sind, daß Helena von Griechenland die bewundernswürdigste Dame gewesen ist, die je gelebt! deswegen, Herr Doktor, wenn ihr uns die große Gunst erzeigen wolltet, uns diese unvergleichliche Griechendame sehn zu lassen, die alle Welt um ihre Herrlichkeit bewundert, so würden wir uns euch gar sehr verbunden fühlen.

FAUST.
Meine Herr'n,
Ich weiß, daß eure Freundschaft ungeheuchelt,
Da ist's auch Faustus Art nicht, abzuschlagen
Was ihr aus treuem Wunsch von mir begehrt.
Ihr sollt die schönste Griechendame sehn

Und in derselben Pracht und Herrlichkeit, –
Wie Paris über's Meer mit ihr gesetzt,
Den Untergang dem reichen Troja bringend:
Schweigt still jetzt, denn den Zauber hemmt das Wort.

Musik tönt. Mephostophilis führt die Helena über die Scene.

ZWEITER STUDENT.
War dieß die Schönheit, deren hoher Werth
Zehn Jahr mit Krieg die armen Troer plagte?
DRITTER STUDENT.
Zu einfach ist mein Witz für ihren Preis,
Der Herrlichen, die alle Welt bewundert.
ERSTER STUDENT.
Nun haben wir gesehn den Stolz der Schöpfung,
Jetzt laßt uns gehn und für den selgen Anblick,
Seid, Faustus, ewig glücklich und beseligt.
FAUST.
Lebt wohl, ihr Herr'n, ein Gleiches wünsch' ich euch.

Die Studenten ab.
Ein alter Mann tritt auf.

ALTER.
O lieber Faust, laß die verruchte Kunst,
Die Magik, die zur Hölle dich verlockt
Und der Erlösung gänzlich dich beraubt.
Hast du auch gleich gesündigt wie ein Mensch,
Beharre nicht darin gleich einem Teufel.
Ja, ja, ich weiß, du hast ein gutes Herz,
Wenn Sünde nicht Natur wird durch Gewohnheit.
Dann, Faustus, wird zu spät die Reue kommen,
Dann bist du aus des Himmels Blick verbannt:
Kein Mensch kann dir der Hölle Qualen schildern.

Vielleicht, daß diese meine Mahnung dir
Unfreundlich scheint und hart. Doch laß sie nicht,
Denn, lieber Sohn, ich spreche nicht in Zorn
Noch Neid zu dir, nein, nur aus warmer Liebe,
Aus Mitleid nur mit deinem nahen Elend,
Und also hoff' ich, wenn mein freundlich Schelten
Dein Herz verletzt, die Seele soll es heilen.

FAUST.
Wo bist du, Faust! Scheusal! Was thatest du!

Mephostophilis giebt ihm einen Dolch.

Die Hölle heischt ihr Recht mit Donnerstimmen
Und spricht: Faust komm, dein Stündlein hat geschlagen!
Und Faust, er kommt, er wird dein Recht dir geben.

ALTER.
Halt, guter Faust, halt der Verzweiflung Stand!
Ich seh, ein Engel schwebt ob deinem Haupte
Mit einer Schale voll des süßen Heils,
Bereit, in deine Seele sie zu gießen.
Drum ruf' um Gnad', entreiß dich der Verzweiflung!

FAUST.
O Freund, wie stärkt dein Wort mein banges Herz.
Geh, laß allein mich meiner Sünden denken.

ALTER.
Faust, ich verlasse dich mit schwerem Herzen,
Denn bei dir bleibt der Erbfeind deiner Seele.

Ab.

FAUST.
Verfluchter Faust! Scheusal! Was thatest du!
Bereuen möcht' ich und ich muß verzweifeln.
In meiner Brust kämpft Höll' und Heil um Sieg:

Was kann mich retten aus des Todes Schlingen?

MEPHOSTOPHILIS.

Weh' dir, Verräther. Deine Seele fass' ich
Auf Ungehorsam an dem höchsten Herrn.
Kehr' um, sonst reiß' ich deinen Leib in Stücke.

FAUST.

Ja, ich bereue, wenn ich ihn beleidigt.
O Freund Mephosto, bitte deinen Herr,
Den sündgen Uebermuth mir zu vergeben,
Und neu will ich mit meinem Blut besiegeln
Mein erst Gelübde an den Lucifer.

MEPHOSTOPHILIS.

So thu' es, Faust, mit unverstelltem Herzen,
Eh' größre Strafe dein Vergehn ereilt.

FAUST.

Und, süßer Freund, den alten armen Mann,
Der mich abschwatzen thät dem Lucifer,
Den quäle mit der Hölle größten Qualen.

MEPHOSTOPHILIS.

Sein Glaub' ist fest, ich kann nicht an die Seele,
Doch was ich an dem Leib ihm schaden kann,
Will ich versuchen, der ist so nichts werth.

FAUST.

Noch eins, mein Freund, laß mich von dir erbitten,
Zu stillen meines Herzens heißes Sehnen:
Laß mich die himmlisch schöne Helena
Zum Liebchen haben, die ich jüngst gesehn,
Daß ich in ihrem süßen Arm ertränke
Die Zweifel, die von euch das Herz mir wenden,
Und Lucifern treu mein Gelübde halte.

MEPHOSTOPHILIS.
Dieß und was sonst mein Faust begehren mag,
In einem Augenwinke ist's vollführt.

Helena mit zwei Liebesgöttern geht über die Szene.

FAUST.
War das der Blick, der tausend Schiffe trieb
In's Meer, der Trojas hohe Zinnen stürzte?
O mache mich mit einem Kuß unsterblich.
Ihr Mund saugt mir die Seel' aus – Sieh, da fliegt sie!
Komm, Helena, gieb mir die Seele wieder!
Hier laß mich sein, auf diesem Mund ist Himmel,
Und Staub ist Alles, was nicht Helena.
Ich bin dein Paris und für deine Liebe
Soll Wittenberg statt Trojas stehn in Flammen,
Ich will mit deinem schwachen Sparter kämpfen,
Auf meinem Helmbusch deine Farbe tragen,
Ja, will Achillen in die Ferse schießen,
Und dann zurück zu dir, zu deinen Lippen!
O, du bist schöner als der Abendstern,
Gekleidet in dem Strahl von tausend Sternen,
Bist glänzender als Jovis Flammenpracht,
Wie er der armen Semele erschien,
Bist lieblicher als der Monarch des Himmels
In Arethusens weichen Azurarmen:
Du, du allein sollst meine Liebe seyn.

Ab mit ihr.
Donner. Lucifer, Beelzebub und Mephostophilis.

LUCIFER.
So steigen wir empor von Pluto's Thron
Die Bürger unsres Reiches zu besuchen,

Die Seelen, so die Sünde schwarz gestempelt,
Vor allen, Faustus, kommen wir zu dir
Und bringen mit uns ewige Verdammung,
Die deiner Seele harrt: die Zeit ist kommen,
Die reif sie macht.

MEPHOSTOPHILIS.

In dieser dunklen Nacht
Wird Faustus hier in dieser Stube seyn.

BEELZEBUB.

Hier wolln wir stehn,
Zu sehn, wie sich der Herr geberden wird.

MEPHOSTOPHILIS.

Wie anders als in rasender Verzweiflung?
Das liebe Ding! Der Gram verzehrt sein Herzblut,
Die Reue bringt ihn um, sein krankes Hirn
Zeugt sich 'ne Welt von eitlen Phantasien,
Den Teufel zu betäuben, doch umsonst:
Dem wird sein Luftmahl recht mit Qual gesalzen!
Er und sein Schüler Wagner nahen sich,
Sie kommen her von Faustus letztem Willen.
Seht her, da sind sie.

Faust und Wagner.

FAUST. Wagner, hast du mein Testament gelesen? Gefällt es dir?

WAGNER.

O Herr, so wunderschön,
Daß ich in Unterthänigkeit mein Leben
Und steten Dienst für eure Liebe biete.

Die Studenten treten auf.

FAUST.

Großen Dank, Wagner! Willkommen, ihr Herr'n!

ERSTER STUDENT. Ei, werthgeschätzter Herr Doktor, mich dünkt, eur Gesicht hat sich verändert.

FAUST. Oh, oh, ihr Herr'n!

ZWEITER STUDENT. Was fehlt Euch, Faustus?

FAUST. Ach mein lieber Stubenbursch, wär' ich bei dir geblieben, so blieb' ich jetzt noch auf der Welt, aber nun muß ich sterben in Ewigkeit. Seht euch um, ihr Herr'n, kömmt er nicht, kömmt er nicht?

ERSTER STUDENT. O mein theurer Faustus, was bedeutet diese Furcht?

ZWEITER STUDENT. Wie hat sich all eure Freude in Traurigkeit verwandelt!

DRITTER STUDENT. Es taugt ihm nichts, daß er immer mit sich allein ist.

ZWEITER STUDENT. Wenn es weiter nichts ist, dafür haben wir Aerzte und Faustus wird gesund werden.

DRITTER STUDENT. Es ist nichts als eine Magenüberladung. Fürchtet nichts, ihr Herr'n.

FAUST. Ja, eine Ueberladung mit Todsünden, die Leib und Seele verdammt haben.

ZWEITER STUDENT. O dann schaue gen Himmel, Faust, und bedenke, daß die Gnade unendlich ist.

FAUST. Doch Faustus Sünde kann nimmermehr vergeben werden. Die Schlange, welche die Eva verführt hat, kann gerettet werden, aber Faustus nicht. O meine Herr'n, hört mich mit Geduld an und zittert nicht bei meinen Worten, ob auch mein Herz in der Brust bebt und keucht, wenn es der dreißig Jahre gedenkt, die ich auf dieser hohen Schule verlebt habe. O, wollte Gott, ich hätte Wittenberg nie gesehn, nie ein Buch gelesen! Und all' die Wunder, die ich gethan, wovon ganz Deutschland, ja, alle Welt spricht, für sie hat Faustus Deutschland und die Welt verloren, ja den Himmel selbst, den Thron Gottes, die Wohnung des Segens, das Reich der Freude – und nun muß er auf ewig in der Hölle bleiben, Hölle, o Hölle, auf ewig! Ihr lieben Freunde, was wird aus mir werden? Ewig in der Hölle!

ZWEITER STUDENT. Faustus, rufe noch zu Gott.

FAUST. Zu Gott, den ich abgeschworen? Zu Gott, den ich gelästert? O mein Gott, ich möchte weinen, aber der Teufel saugt meine Thränen ein. Oh, so möcht' ich Blut für Thränen vergießen, ja, Leib und Seele! Oh, er hält mir die Zunge fest. Ich will meine Hände aufheben, doch seht, sie halten sie, sie halten sie!

ALLE. Wer denn, Faustus?

FAUST. Wer? Lucifer und Mephostophilis. Oh meine Freunde, ich gab ihnen meine Seele für meinen Witz.

ALLE. Das wolle Gott nicht.

FAUST. Ja, er wollte es nicht, wahrlich, aber Faustus hat es doch gethan. Für die eitlen Freuden von vier und zwanzig Jahren hat Faustus sein ewiges Glück und Heil verloren. Ich schrieb ihnen einen Kontrakt mit meinem eigenen Blut, die Verschreibung ist gefällig, die Zeit ist da, er wird mich holen.

ERSTER STUDENT. Warum sagte uns Faustus das nicht ehr, damit die Geistlichkeit für seine Seele gebetet hätte?

FAUST. Oft hab' ich es thun wollen, aber der Teufel drohte, mich in Stücke zu reißen, wenn ich den Namen Gottes ausspräche, Leib und Seele wollte er holen, wenn ich der Theologie nur einmal Gehör gäbe – und nun ist es zu spät. Meine Freunde, geht, sonst müßt ihr mit mir sterben!

ZWEITER STUDENT. O, was können wir thun, dich zu retten?

FAUST. Sprecht nicht von mir, rettet euch selbst und geht.

ZWEITER STUDENT. Gott wird mich stärken, ich bleibe bei dir.

ERSTER STUDENT. Wolle Gott nicht versuchen, lieber Freund. Laß uns nach der Nebenstube gehn und für ihn beten.

FAUST. Ja, betet für mich, betet für mich! Und wenn ihr ein Geräusch hört, kommt nicht herein, denn nichts kann mich retten.

ZWEITER STUDENT. Bete auch du, und wir wollen beten, daß Gott deiner Seele Gnade schenke.

FAUST. Lebt wohl, Freunde, wenn ich bis morgen lebe, so besucht mich, wo nicht, so ist Faustus zur Hölle gefahren.

ALLE. Faustus, leb' wohl.

Die Studenten ab.

MEPHOSTOPHILIS.
Nun, Faust, gieb deine Himmelshoffnung auf,
Verzweifle, auf die Hölle nur bedacht,
Denn deine Wohnung ist in ihr gemacht.

FAUST.
O listger Teufel, deß Versuchung mich
Des ewgen Heils im Himmel hat beraubt!

MEPHOSTOPHILIS.
Ja, ich bekenn' es, Faust, und freue mich,
Ich war's, der dir, wenn du zum Himmel strebtest,
Den Weg versperrt; nahmst du ein Buch zur Hand,
Die Schrift zu lesen, kehrt' ich um die Blätter,
Und machte irr' dein Auge. –
Was weinst du? S' ist zu spät – Verzweifle jetzt! Ade!
Wem's oben geht zu wohl, dem geht es unten weh!

Ab.

Guter und böser Engel treten zu verschiedenen Thüren ein.

GUTER ENGEL.
O Faustus, hättst du mir Gehör gegeben,
Unzählge Freuden wären dir gefolgt.
Doch dir gefiel die Welt.

BÖSER ENGEL.
Gabst mir Gehör,
Und mußt nun ewge Höllenqualen schmecken.

GUTER ENGEL.

Oh, was wird all' dein Reichthum, Glanz und Lust Dir frommen?

BÖSER ENGEL.

Nichts als seine Qual zu mehren.
Wer hier so reich, fühlt dort recht das Entbehren.

Musik. Der Himmelsthron senkt sich herab.

GUTER ENGEL.

Oh welch ein Himmelsglück hast du verloren,
Welch unaussprechlich Wohl, welch endlos Heil!
Hättst du studirt die süße Gotteslehre,
Den alten Pfad fortwandelnd, Faustus, schau,
In welcher Strahlenglorie säßest du
Auf jenem Thron, im Glanze dieser Heilgen,
Der Hölle Sieger! Das hast du verloren.
Und nun fahr' hin, dein guter Geist muß fliehn,
Die Hölle klafft und will hinab dich ziehn!

Ab.
Die Hölle thut sich auf.

BÖSER ENGEL.

Nun, Faust, laß deinen Blick mit Grauen starren
In dieses weite ewge Qualenhaus.
Hier braten Furien die verdammten Seelen
Am Spieß, dort sieden sie in Blei die Leiber;
Lebendge Viertel rösten hier auf Kohlen
Und sterben nie; dort jener Feuerstuhl
Ist für die Mattgequälten, auszuruhn;
Die dort man mit den Flammenklößen füttert,
Sind Schlemmer, die nur leckre Bissen liebten,
Und lachend sahn am Thor den Armen schmachten.
Doch was du siehst, das heißt noch nichts gesehn,

Dir soll's zehntausendmal so gut ergehn.

FAUST.

Oh, schon genug seh' ich zu meiner Qual!

BÖSER ENGEL.

Nein, sollst sie fühlen, sollst sie kosten all:
Wer liebt die Lust, den bringt die Lust zum Fall.
Und so, Freund Faust, auf baldig Wiedersehn!
Dann wirst du zitternd vor dem Richter stehn.

Ab.

Die Glocke schlägt elf Uhr.

FAUST.

O Faustus,
Jetzt hast du nur *ein* Stündlein noch zu leben,
Und dann bist du verdammt in Ewigkeit. –
Steht still, ihr nimmermüden Himmelssphären,
Und hemmt den Lauf der Zeit, eh' zwölf sie schlägt!
Natur, schlag' wieder auf dein schönes Aug' und gieb
Uns ewgen Tag! Oh laß zum Jahr die Stunde werden,
Zum Mond, zur Woche, nur zu *einem* Tag,
Daß Faust bereu' und seine Seele rette!
O lente lente currite noctis equi! –
Fort gehn die Stern', es rinnt die Zeit, der Pendel schwingt,
Der Teufel naht, die Hölle thut sich auf. –
Oh, auf zum Himmel, Faust! – Wer reißt mich nieder? –
Sieh, wie's da oben wogt von Christi Blut!
Ein Tropfen kann mich retten – o mein Christ!
Ich ruf' ihn an – o hilf mir, Lucifer!
Wo ist es nun? – S' ist aus!
Und sieh, ein dräu'nder Arm, ein finstrer Braun! –
  Oh Berg' und Hügel, kommt, kommt, fallt auf mich,
Und deckt mich vor des Himmels schwerem Zorn!

Nicht? – Nun, so stürz' ich häuptlings in die Erde!
Thu' auf dich, Erde! Willst mich nicht verschlingen? –
  Ihr Sterne, die mir die Geburt regirt,
Die mich dem Tod, der Hölle preis gegeben,
Jetzt zieht mich auf, gleich einem Nebeldunst,
In jener schwarzen Wolke schwangern Schooß,
Daß mein Gebein aus ihres Schlundes Dampf
Sie speie, wenn die Stürme sie zerreißen –
Doch meine Seele laßt zum Himmel schweben!

Die Glocke schlägt halb zwölf.

  Die eine Hälft' ist hin, bald auch die andre. –
Oh muß die Seele für die Sünde leiden,
So setz' ein Ende für die stäte Qual!
Laß tausend Jahr' mich in der Hölle leben,
Ja hunderttausend, aber rette dann!
Ach, den Verdammten ist kein Ziel gesteckt!
  Warum bist du kein seelenloses Wesen?
Warum ist diese, deine Seel' unsterblich?
O Seelenwandrung, o Pythagoras!
Wenn diese Seele von mir flög' und sich
Zu einem Thier verkehrte! –
Glücklich sind alle Thiere, denn sie sterben
Und ihre Seelen fließen in die Lüfte,
Doch meine lebt zur ewgen Höllenqual! –
Verflucht die Eltern, welche mich erzeugten!
Nein, Fluch dir selber, Faust, Fluch Lucifern,
Der um des Himmels Freuden dich betrogen!

Es schlägt zwölf.

Es schlägt, es schlägt! Nun, Leib, zerfließ' in Luft,
Sonst trägt dich flugs zur Hölle Lucifer!

O Seele, schmilz zu kleinen Wassertropfen,
Fall' in den Ocean, daß dich Keiner finde!

Donner. Die Teufel kommen.

O Gnade, Himmel! Schau so stolz nicht nieder!
Ottern und Schlangen, laßt mich atmen noch!
Klaff', schwarze Hölle, nicht! Fort, Lucifer!
O Mephostophilis! In's Feur die Bücher!

Die Teufel zerreißen ihn, dann verschwinden sie.
Die Studenten treten auf.

ERSTER STUDENT.
Kommt, Herren, laßt den Doktor uns besuchen,
Denn solche Schreckensnacht ward nie gesehn,
So lange diese Welt geschaffen ist.
Solch furchtbar Schrein und Kreischen hört' ich nie.
Gott gebe, daß der Doktor durchgekommen.
ZWEITER STUDENT.
O Himmel, hilf! da liegen seine Glieder
Umher, zerrissen von der Hand des Todes.
DRITTER STUDENT.
Das that der Teufel, dem sich Faust ergeben.
Denn zwischen zwölf und eins, wenn ich nicht irre,
Hört' ich ihn schrein und laut um Hülfe rufen.
Da schien das ganze Haus in Feur zu stehn
Und Höllenschauer gingen durch die Kammern.
ZWEITER STUDENT.
Nun wohl, ihr Herr'n, wie auch sein Ende war,
Daß jede Christenseele drob erbebt,
Doch war er einst bewundert als ein Meister
Von hoher Weisheit auf den deutschen Schulen.
Drum laßt uns den zerstückten Leib bestatten

Und die Studenten all in schwarzer Trauer
Solln seinem ernsten Leichenzuge folgen.

Ab.
Chor tritt auf.

CHOR.
Gebrochen ist der Zweig, der nach den Wolken strebte,
Verbrannt Apollos grüner Lorbeersproß,
Der manche Blätter trieb in diesem weisen Manne,
Faust ist dahin. Betrachtet seinen Sturz,
So daß sein Mißgeschick den Klugen warne,
Verbotner Weisheit grübelnd nachzugehn,
Denn ihre Tiefe lockt vorschnellen Erdenwitz
Zu tun, was hier und dort der Seele wenig nütz.

Ende.

Biographie

1564 *26. Februar:* Christopher, Sohn von John Marlowe, wird an St. George the Martyr, Canterbury, getauft.

1579 *14. Januar – Dezember:* Christopher Marlowe, Gelehrter an der Königsschule, Canterbury, bekommt von der Schule ein Stipendium.

1580 *Dezember:* Seine Werke erscheinen zum ersten Mal auf dem Butttery Buch der Fachhochschule Corpus Christi, Cambridge.

1581 *17. März:* Er wird in »convictus secundus«, die Mittelstufe der Studenten, immatrikuliert.

24. März: Marlowe wird unter »pensionarii«, i.e. Bürgern, aufgelistet.

7. – 11. Mai: Er bekommt formell ein von Erzbischof Parker gestiftetes Stipendium [Registrum Parvum]; er empfängt Zahlungen davon ab Januar.

29. Oktober: Er besucht eine Vorlesung in Dialektik.

Marlowe wohnt im Corpus Christi Institut (bis Frühjahr 1587 – mit kurzen Pausen zwischen 1585 und 1586).

1584 *Frühjahr:* Christopher Marlowe wird zum B.A. zugelassen.

1587 *31. März:* Er wird zum M.A zugelassen.

29. Juni: Er empfängt das Privy Council, das bescheinigt, daß er der Königin gute Dienstleistungen erwiesen hat.

Juli: Er wird gefördert.

10. November: Er erhält ein Stipendium am College.

16. November: Er hat einen Unfall in einem Theater, möglicherweise in einer Aufführung von »Tamburlaine«.

1588 *29. März:* Robert Greene rezensiert »Tamburlaine«.

1589 *18. September:* Christopher Marlowe kämpft mit William Bradley in Hog Lane, im Pfarrbezirk von St. Giles Without

Cripplegate; Thomas Watson (der Dichter) interveniert, wird von Bradley angegriffen und tötet diesen in Notwehr. Thomas Watson und Cristopher Marlowe, beide von Norton Folgate, Middlesex, werden vom Gendarmen verhaftet und werden zu Newgate vom Leutnant des Turmes auf Mordverdacht festgehalten.

19. September: Verhör von Bradley.

1. Oktober: Christopher Marlowe wird gegen eine Kaution von £40 freigelassen; Richardus Kytchine, Herr von Cliffords Gasthof, und Humfridus Rowland von East Smithfield, bürgen für ihn.

3. Dezember: Marlowe erscheint vor dem Gericht (einschließlich Sir Roger Manwood) und wird freigesprochen.

1590 *14. August:* »Tamburlaine« wird veröffentlicht.

1591? Thomas Kyd, der Dramatiker, schreibt im selben Zimmer mit Marlowe.

1592 *10. November:* Cristopher Marlowe schreibt eine Widmung für »Amintae Gaudia« des verstorbenen Thomas Watson.

14. Dezember: Sir Roger Manwood stirbt; Christopher Marlowe schreibt ein Epitaph.

1593 *12. Mai:* Thomas Kyd wird verhaftet und ketzerische Papiere, die er Marlowe zuschreibt, werden in seinem Zimmer entdeckt.

18. Mai: Das Privy Council erlässt einen Haftbefehl für die Verhaftung von Christopher Marlowe.

20. Mai: Christopher Marlowe fügt sich dem Haftbefehl und wird aufgefordert, täglich den Behörden zur Verfügung zu stehen.

30. Mai: Christopher Marlowe wird in Selbstverteidigung von Ingram Frizer, in der Gesellschaft von Robert Poley und Nicholas Skeres, an einem Haus in Deptford Strand getötet.

1. Juni: Eine Untersuchung über Christopher Marlowes Tod wird eingeleitet. Beerdigung von Christopher Marlowe.